KB234142

저는 당신을 깊이 공경하고
가볍게 여기거나 업신여기지 않습니다.
왜냐하면 당신은 보살의 도를 행하여
반드시 성불할 것이기 때문입니다.

___________님께 드립니다. 성불하십시오.

부처님께 다가가는 방법

부처님께 다가가는 방법

부처님께 다가가는 방법

글·목경찬

조계종
출판사

철없던 시절 사찰수련회에 참석한 적이 있었습니다. 새벽예불에 참석하기 위해 새벽같이 일어나 법당으로 갔습니다. 이른 새벽 법당 안은 어두움 반, 밝음 반이 사이좋게 차지하고 있었습니다. 법당에 앉아 졸음을 쫓으며 예불을 기다렸지만 어느덧 꿈과 생시를 오가고 있었습니다. 한참 꿈속을 헤매고 있을 때 범종 소리가 들려왔습니다. 비몽사몽간에 들려오는 범종 소리, 이어지는 스님들의 예불 소리, 새벽예불에 처음 참석한 사춘기 소년에게는 말로 표현할 수 없는 감동으로 다가왔습니다. 비록 졸음에 겨워, 잠에 취해 제대로 예불 동참은 하지 못했지만, 꿈결에 들려왔던 그 소리, 지금 생각해도 가슴 벅찬 순간이었습니다.

그 순간이 인연이 되어 그 철부지 소년은 이제 부처님 가르침을 사람들과 함께하는 불자로 살아가고 있습니다. 짧다면 짧고 길다면 긴, 신행생활 속에서 뛸 듯이 기뻐한 적도 있었고, 한없이 괴로워한 적도 있었습니다. 거센 물결처럼 요동치는 신행생활 속에서 부처님께 다가가고자 힘겹게 붙잡은 것이 몇 가지 있었습니다. 그 몇 가지는《법회와 설법(조계종출판사)》이라는 인연을 만나 열두 가지 주제의 글이 되었습니다. 그것은 믿음, 하심(下心), 발보리심(發菩提心), 기도, 참회, 발원, 신통, 선지식, 역경, 도량, 연기법, 불성 등으로 2008년 5월부터 2009년 4월까지 1년 간 연재되었습니다.

믿음, 하심, 발보리심은 여러 스님이 강조하셨던 말씀입니다. 불자라면 모름지기 이 세 가지 마음을 명심하라 하였습니다. 믿음으로부터 모든 것이 시작되며 그 바탕이 됩니다. 믿음 없이 어찌 일이 시작되겠습니까. 자신을 비우는 것이 불교 공부라고 할 때 하심은 어찌 보면 공부의 처음이자 끝입니다. 보통 말하는 발심(發心)은 바로 발보리심을 말합니다. 부처님 제자라면 깨닫고자 하는 마음으로 정진해야 한다는 가르침이 아직도 귓가를 맴돕니다.

기도, 참회, 발원은 신행생활의 중심을 이루는 실천 사항입니다. 기도의 힘은 그 간절함에 있습니다. 간절함으로 기도할 때 부처님은 어느 순간 우리 곁에 와 계십니다. 신행생활 가운데 우리는 알든 모르든 수많은 업을 짓습니다. 참다운 참회를 할 때 새로운 삶으로 다시 시작하게 됩니다. 발원은 신행생활을 중단 없이 나아가게 하는 힘이 됩니다. 발원을 갑옷이라고 합니다. 발원을 가진 이는 갑옷을 입은 전쟁터의 장수처럼 두려움 없이 앞으로 나아갑니다.

신통, 선지식, 역경, 도량은 필자 자신이 신행생활에서 부딪쳤던 좌절과 관련되는 주제입니다. 뿐만 아니라 다른 이에게도 일어날 수 있기에 무엇보다 경각심을 함께 가지고자 하는 의미가 큽니다. 신통은 지혜의 눈을 흐리게 하는 측면이 있으므로 단지 신비함에서 멈춰버리면 오히려 그것도 도의 장애가 됩니다. 무엇이 바른길인지 판단이 힘든 상황에 도움을 주실 참 스승인 선지식을 만난다는 것은 참으로 쉽지 않습니다. 오히려 엉뚱한 이를 만나 잘못된 길로 들어서지 않는다면 그나마 다행입니다. 신행생활 중에 좋은 일만 생기는 것은 아닙니다. 힘든 역경이 올 때에도 그 속에 희망이 담겨있음을 안다면 그때 역경은 역경이 아닙니다. 희망입니다. 그러한 긍정의 마음을 가질 때 지금 숨 쉬고 살아가는 바로 이 자리가 부처님 가르침과 함께하는 도량이 됩니다.

연기법, 불성은 불교의 핵심 교리입니다. 교학은 신행의 나침반입니다. 따라서 신행생활과 관련하여 핵심 교리인 연기법과 불성을 살펴보았습니다. 연기법을 통해 다름을 이야기하고, 분별없는 마음, 모든 것을 내려놓은 그 자리가 불성이라고 보았습니다. 그런데 다름을 받아들이고 모든 것을 내려놓은 것은 그냥 하면 할 수 있는 것이 아니라 신행생활을 통해 힘(내공)을 키울 때 가능합니다.

평소 필자가 신행생활을 통해 느꼈던 점을 함께 생각해보자는 의미에서 조심스럽게 글을 쓰고 책을 내게 되었습니다. 이 책을 통해 잠시나마 신행생활을 살펴보는 계기가 되었으면 하는 바람입니다. 그리하여 부처님께 바르게 다가가는 디딤돌이 되었으면 합니다.

끝으로 이 글이 연재될 공간을 마련해준《법회와 설법》관계자 여러분과, 어려운 출판 여건에도 이 글이 책으로 세상의 빛을 볼 수 있도록 도와준 조계종출판사 관계자 여러분께 고마운 마음을 전합니다.

2010년 03월, 불법승 삼보께 귀의하며
목경찬 두 손 모음

믿음, 모든 시작은 믿음으로 부터

긍정적 사고와 믿음

요즈음 '긍정'이라는 말이 중요시되고 있습니다. 긍정적 사고가 있어야 긍정적 힘이 생기고 미래를 활기차게 펼쳐나갈 수 있다고 합니다. 긍정이라는 말은 곧 믿음과 관계 깊은 말입니다. 오늘에 대한 믿음, 내일에 대한 믿음, 나에 대한 믿음, 주위 여건에 대한 믿음, 그 믿음이 전제되어야 긍정적 사고가 가능합니다. 물론 이 긍정적 사고를 통해 이루고자 하는 것이 물질적인 성취나 개인 욕구의 충족이 대부분인 요즘 현실에 대해서는 한편으로 씁쓰름한 마음이 들면서도, 한편으로는 힘든 현실에 이해가 되기도 합니다.

믿음! 이는 종교에서만 중요한 것이 아닙니다. 믿음은 모든 생활에 있어서 대단히 중요한 마음작용입니다. 앞서 긍정적인 힘은 믿음을 전제로 한다고 하였듯이, 믿음이 전제되지 않으면 긍정적인 사고나 희망이 있을 수 없습니다. 지금 이 책을 읽는 것도 최소한의 믿음이 있기 때문입니다. 무엇인가, 나의 삶에 무엇인가 도움이 되겠지 하는 최소한의 믿음이 없었다면 결코 눈길 한 번 주지 않았을 것이기 때문입니다. 물론 '네가 무슨 말을 하는지 한번 보자' 라는 부정적인 측면에서 볼 수도 있습니다. 그러나 이것도 생각해보면 이 책에 대해서는 부정적이지만, 자신의 입장에 대해서는 긍정적인 측면, 믿음이 있기 때문에 보게 되는 것입니다. 이것도 저것도 아닌 사람은 아예 무시, 아니 관심조차 주지 않기 때문입니다. 이런 말이 생각납니다. '사랑의 반대는 미움이 아니라, 무관심이다.' 즉, 최소한의 믿음이 있기에 우리는 더불어 살아가는 것입니다. 믿음은 희망을 낳기 때문입니다.

불교에서는 믿음〔信〕을 착한 마음작용〔善心所〕의 대표 주자로 봄니다. 이 믿음의 성품은 맑고 깨끗하여 마치 마니보주(여의주, 수정주)가 흐린 물을 깨끗하게 하듯이 마음을 깨끗하게 합니다. '마니〔maṇi〕'란 범어입니다. 마니라고 음역하기도 하고 보주라고 의역하기도 합니다. 또는 음역과 의역을 합하여 마니보주라 합니다. 이 마니보주에는 불행·재난을 없애주고 흐린 물을 깨끗하게 하는 힘이 있습니다. 흐린 물에 이 마니보주를 넣으면 물이 깨끗해집니다. 마찬가지로 우리 마음에 믿음이 있으면 마음이 깨끗하게 됩니다. 믿음은 깨끗함을 그 성품으로 합니다. 따라서 믿음으로 인해 마음이 깨끗해져서 오염된 번뇌 작용이 함께할 틈이 없습니다. 이에 《화엄경》에서는 다음과 같이 노래합니다.

믿음은 도의 근본, 공덕의 어머니 〔信爲道元功德母〕

모든 착한 법을 길러 내며 〔長養一切諸善法〕

의심의 그물 끊고 애욕 벗어나 〔斷除疑網出愛流〕

열반의 위없는 도 열어 보이네 〔開示涅槃無上道〕

믿음은 때가 없어 마음 깨끗하고 〔信無垢濁心淸淨〕

교만을 없애고 공경의 근본이며 〔滅除憍慢恭敬本〕

가르침 창고의 첫째가는 재물도 되며 〔亦爲法藏第一財〕

청정한 손이 되어 모든 행 받네 〔爲淸淨手受衆行〕

믿음은 보시 행해 인색치 않고 〔信能惠施心無吝〕

믿음은 환희하며 불법에 들게 하고 〔信能歡喜入佛法〕

믿음은 지혜 공덕 자라게 하며 〔信能增長智功德〕

믿음은 여래 지위 이르게 하네 〔信能必到如來地〕

《화엄경》

　모든 부처님의 경전이 첫머리에 '이와 같이〔如是〕'라고 시작하는 것도 믿음을 강조한 것입니다. 부처님 가르침의 바다에는 믿음으로 능히 들어가고 지혜로 능히 건너게 됩니다. '이와 같이'라 함은 곧 믿음입니다. 이 사소한 책도 믿음이 있기에 보게 되는데, 부처님 가르침의 바다에 들어가는 것이야 말할 것이 있겠습니까. 믿음이 없는 자는 경을 보아도 자신의 알음알이에 글자만 보일 뿐입니다.

이에 부처님께서는 믿음을 손으로도 비유하였습니다. '마치 손이 있는 사람은 보배산에 들어가서 마음대로 보물을 취하는 것과 같이, 믿음이 있는 이는 불법(佛法)의 보배산에 들어가서 마음대로 취한다. 믿음이 없는 이는 마치 손이 없는 것과 같나니, 손이 없는 이는 보배산에 들어가도 아무것도 취하는 것이 없는 것과 같이, 믿음이 없는 이는 불법의 보배산에 들어가도 아무것도 얻을 것이 없다《대승본생심지관경》' 고 하셨습니다.

믿음과 지혜

이러한 믿음을 언급할 때면 우리는 알게 모르게 맹신(盲信)을 떠올립니다. 거리 여기저기서 듣는 '불신지옥 ○○천국' 이라는 구절 때문일 수도 있고, 여러 방송 매체에서 고발성으로 전하는 종교 관련 내용 때문일 수도 있습니다. 어쩌면 바로 옆에서 실제 경험한 사실 때문에 '믿음' 이라는 이야기가 나오면 맹신이 함께 다가오는지도 모릅니다.

이러한 믿음과 맹신을 구별하기 위한 중요한 내용이 바로 지혜입니다. 믿음과 지혜에 불보살님들은 '대개 믿음은 도의 근본이요 공덕의 어머니이며 지혜는 세상을 벗어나는 해탈의 기초이다. 믿음이 없으면 가벼운 배에 오를 수 없고 지혜가 없으면 미세한 의혹을 끊을 수 없다'고 합니다. 믿음이 없으면 부처님 법에 들어올 수 없고 지혜가 없으면 의혹 때문에 배에 올랐다 하더라도 나아갈 수 없는 것입니다. 믿음 못지 않게 지혜가 중요합니다. 이와 관련하여 스님들이 자주 인용하는 유명한 구절이 있습니다.

만일 사람이 신심은 있으나 지혜가 없으면 이 사람은 무명을 키우고,
지혜는 있으나 신심이 없으면 이 사람은 그릇된 소견을 키우게 된다.
《열반경》

우리 자신을 돌아보면 너무도 가슴에 와 닿는 말씀입니다. 신심은 있으나 지혜가 없으면 어리석음을 키운다는 뜻은 바로 맹신을 이야기하는 듯합니다. '믿습니까?', '믿습니다'라는 반복된 외침 속에 실상 그 알맹이는 없고 무조건적인 믿음만 강조하는 경

우를 가끔 접하게 됩니다. 그렇게 믿어야만 참 믿음인양 여깁니다. 본인이 어디로 가고 있는지 전혀 판단을 하지 않습니다. 이는 종교가 보이지 않는 마음이나 대상과 관계하기 때문에 더욱 그렇습니다. 물론 그 무조건적인 믿음 속에서 뜻을 이룬 이가 있습니다. 문제는 그 뜻을 이룬 것이 무조건적인 믿음 속에서 이룬 것인지, 아니면 다른 요인에 의해 이룬 것인지 생각하지 않는다는 점입니다. 무조건적인 믿음 속에서 이루어진 것이라 할지라도 그것이 가르침의 본질인지 생각하지 않습니다. 그 다음을 위해 나에게 다가온 하나의 과정인지, 아니면 또 다른 가르침인지 등을 생각하지 않습니다. 지금 눈앞에 펼쳐진 것이 그냥 좋습니다. 다 은총이고 가피입니다.

물질 중심, 바깥 중심의 생활에서 살고 있다가 정신 중심, 안 중심의 수련을 하게 되면 평소 느껴 보지 못한 마음 상태를 경험할 수 있습니다. 문제는 이러한 마음 상태를 일시적인 현상이라고 보지 않고 누군가의 가피 또는 은총이라고 단정한다는 것입니다.

기독교를 믿는 지인이 있습니다. 그는 수시로 예수님을 영접한다고 하였습니다. 저는 조심스럽게 말하였습니다. '네가 본 예수님이 예수님인지, 예수님 모습을 한 사탄인지 어떻게 아는가?' 어쩌면 상대에게 해서는 안 될 말인지도 모릅니다. 이제 나를 향해 묻습니다. '내가 본 관세음보살님이 관세음보살님인지 아니면 관세음보살님의 모습을 한 마구니인지 어떻게 아는가?'

부처님 형상을 한 마구니〔魔〕는 장자에게 말하였다.

"내가 어제 한 말은 모두 부처의 말은 아니다. 너는 빨리 그것을 잊어버려라."

장자는 이 말을 듣고 못내 이상히 여겼다.

'형상은 부처님인데, 그 말이 아니라고 한다면, 마치 사자 가죽을 나귀가 쓴 것처럼, 형상은 사자 같지만 마음은 나귀다.'

이렇게 생각하고 그 말을 믿지 않았다. 마구니는 장자의 마음을 알고 곧 제 몸으로 돌아가 장자에게 말하였다.

"나는 일부러 와서 당신을 시험해 보았지만 당신 마음은 흔들리지 않았다."

…(중략)…

그러므로 부처님 제자는 반드시 깊은 이치를 이해하여 마구니의 말과 부처님의 말씀을 모두 자세히 알아야 한다.

《중경찬잡비유경》

왜 경전에서, 역대 조사스님께서 수행 중 눈에 보이는 현상을 무시하라고 하셨는지 생각해볼 부분입니다. 그런데 보이는 대상을 강조 또는 부각시키는 마음 수련 단체나 종교 단체가 오늘날 너무도 많습니다. 조심하고 또 조심해야 할 일이지만, 눈앞의 모습과 주위의 추켜세움에 어리석음이 눈을 가립니다. 남들이 친견하기 힘든 분을 보았으니 말입니다. 남들이 경험하지 못하고 나 또한 평소 경험하지 못한 정신세계를 경험하였으니 말입니다.

믿음도 중요하지만 더 중요한 것은 믿음의 대상입니다. 믿음의 대상을 명확히 하는 것, 그것이 바로 지혜와 함께하는 믿음입니다. 불교에서는 삼보에 대한 믿음을 강조합니다. 물론 그 삼보에 대한 무조건적인 믿음은 아닙니다. 내용이 담겨져 있습니다.

첫째는 여래에게 기뻐하는 마음을 내어 흔들리지 말라. 그 여래는 아라한 · 등정각 · 명행족 · 선서 · 세간해 · 무상사 · 조어장부 · 천인사 · 불세존이라고 부른다.

둘째는 바른 법에 마음을 내는 것이다. 여래의 법은 잘 말해져 걸림이 없는 것으로서 지극히 미묘하여 그것으로 말미암아 큰 과보를 얻는다. 그러므로 지혜로운 사람은 배워서 알아야 한다.

셋째는 이 거룩한 대중에게 마음을 내는 것이다. 여래의 거룩한 무리는 모두 서로 화합하여 혼란이 없고 법과 법을 성취하고 계율을 성취하고 삼매를 성취하고 지혜를 성취하고 해탈을 성취하고 해탈하였다는 소견을 성취한다. 그 여래의 거룩한 대중은 공경할 만하고 높일 만하여 세상의 위없는 복전(福田)이 된다.

《증일아함경》

믿음과 큰 의심

믿음과 지혜를 이야기하면서 맹신에 대해 경계하는 관점으로 서술하였지만, 사실 믿음과 맹신의 구분이 애매합니다. 가령 경전의 말씀을 받아들임에 있어 믿음이냐, 맹신이냐 하는 것은 항상 따라

다니는 문제입니다.

예를 들어봅니다. 기독교에서 '하나님이 세상을 창조하셨다, 예수님이 부활하셨다, 예수님이 죽은 아이를 살렸다, 바다가 갈라져 길이 났다' 등의 내용은 일단 기독교인이 아니라면, 쉽게 받아들이기 힘든 내용입니다. 그렇다고 그것을 받아들이는 기독교인을 맹신자라고 해야 할까요?

그렇다면 불교에서 말하는 내용은 어떻습니까? 가령 《법화경》〈관세음보살보문품〉에 나오는 '관세음보살님을 생각하면 불 속에 들어가더라도 불에 타지 않는다' 등의 내용은 어떻습니까?

어려운 이야기입니다. 그러나 부처님 가르침 안에 있기에 조심스럽지만, 어쩌면 과감하게 이야기할 수도 있습니다. 부처님께서도 '소문이나 전승이나 여론에 끄달리지 말고, 성전의 권위나 논리나 추론에도 끄달리지 말고, 상태에 대한 분석이나 견해에 대한 이해에도 끄달리지 말고, 그럴듯한 개인적 인상이나 이 분이 나의 스승이라는 생각에 끄달리지 말라《깔라마경》' 고 하셨기 때문입니다. 앞의 〈관세음보살보문품〉의 내용에 대해 어떤 이는 글자 그대로 신심이 지극하면 불에 타지 않는다고 하고, 어떤 이는 상징적인 의미로 풀이합니다. 여기서 경전의 말씀을 어떻게 받아들이는 가 하는 것이 대두됩니다. 글자 그대로 받아들일 수도 있고, 상징 적인 뜻으로 받아들일 수도 있습니다. 또 다르게 받아들일 수도 있을 것입니다. 단순하게 믿음으로 재단할 수 있는 부분이 아닙니 다. 모두 믿음이 있기에 경전의 말씀을 이해하고자 하는 것입니 다. 믿음이 없다면 무시하고 부정하면 그만이고, 더 나아가면 비 난하게 됩니다.

저 같은 경우는 현재 상식으로 이해가 되지 않는 것은 잠시 내 려놓습니다. 그리고 생각합니다. '부처님께서는 왜 그렇게 말씀하 셨지? 지금 관세음보살을 생각하면서 촛불에 손가락을 넣으면 분 명히 뜨거운데, 왜 부처님께서는 그렇게 말씀하셨지?' 사실 경전 에 그런 구절이 있다고 바로 행동으로 옮기는 이는 없을 것입니 다. 설령 뜨거워 손가락을 뺀다고 해서 신심이 없다고 단정할 수 도 없습니다.

이런 경우 참선수행자가 지녀야 할 세 가지 마음 자세로 이해하 고자 합니다. 세 가지 마음 자세란 바로 대신심(大信心), 대분심(大憤心), 대의심(大疑心)입니다. 이는 역대 조사스님께서 강조하시는 내용이고, 특히 서산대사의 《선가귀감》에 언급되는 내용입니다.

대신심, 큰 믿음입니다. 불법승(佛法僧) 삼보(三寶)에 대한 확실한 믿음을 가지고 정진해야 한다는 것입니다. 앞서 언급한 바와 같이 모든 일에 믿음이 전제가 되어 있지 않고서는 일이 진행될 수 없습니다. 대분심, 큰 분발심입니다. '나도 깨달을 수 있다'는 마음자세입니다. 이러한 마음가짐이 있어야 물러서지 않고 끊임없이 나아갈 수 있습니다. 그 다음, 이 글의 주제와 관련된 대의심, 큰 의심입니다. 이 말은 화두에 대한 사무친 마음인데, 부처님 가르침을 배우고 실천하는 모든 측면에 적용해 봅니다. 여기서 의심은 일반적으로 이해하는 불신(不信)과 다릅니다. 여기서 의심은 앞의 대신심이 전제가 되어 있는 대의심입니다. 가령, 매일 정확하게 출근하던 사람이 그날 늦게 왔다면 우리는 '그럴 사람이 아닌데' 하며 그 사람을 걱정합니다. 단정 짓지 않습니다. 믿음이 전제가 되어 있기에 그런 말이 나옵니다.

앞의 예처럼 경전에는 일반 상식으로 이해되지 않는 내용이 많이 나옵니다. 만약 믿음이 전제가 되어 있지 않으면 무시하거나 비방하면 그만입니다. 그러나 믿음이 전제가 되어 있으면 대하는 태도가 달라집니다. '왜 이런 말씀을 하셨을까?' 부처님 말씀을 지금 상식으로 함부로 판단하지 않게 됩니다. 대의심은 반대로 무조건 받아들이는 것도 경계합니다. 본인 상식과 맞지 않으면 무조건 받아들이는 것이 아니라 잠시 판단을 보류하는 것입니다. 그러면 그 부분이 '아아! 그렇구나' 하며 풀릴 때가 있습니다. 이런 의미에서 큰 의심입니다.

믿음의 잣대

마음은 눈으로 볼 수 있는 것이 아닙니다. 그렇다고 마음으로도 마음은 제대로 알 수 있는 것이 아닙니다. '내 마음 나도 모른다'고 이야기하지 않습니까. 따라서 마음작용 가운데 하나인 믿음을 어찌고저쩌고 밖에서 단정 짓는다는 것은 참으로 그렇습니다. 아니 단정 지을 수 없습니다.

믿음을, 신심을 종교적인 측면에서 이야기하자면 참으로 조심스럽습니다. 우리는 어떤 사람의 모습을 보고 '저 사람은 참 신심이 깊어, 저 사람은 신심이 없어' 라고 평하게 됩니다. 어떤 종교 단체가 성지순례를 다녀오다가 사고가 나면, 신심 운운하며 자신이 가진 종교와 관련하여 유리하게 이야기합니다. 즉, A라는 종교 단체가 사고가 나면, B라는 종교를 가진 사람은 'B라는 종교를 믿지 않으니 그렇게 사고가 나지' 하거나, '어떻게 종교 단체가 사고가 나지. 그들이 믿는 그분이 함께하실 것인데' 합니다. 반대로 A라는 종교를 가진 사람은 'A라는 종교를 가졌기에 그나마 저 정도이지, 다 그분의 가피(은총)' 라고 합니다. 다른 예를 들어보겠습니다. 수능 백일기도를 했을 때, 시험에 합격한 사람은 신심 있게 기도한 사람이고 시험에 불합격한 사람은 신심 없이 기도한 사람일까요?

그러한 가피를 부정한다는 측면에서 이야기하는 것이 아닙니다. 문제는 '내가 하면 신심이고, 네가 하면 맹신이다' 는 생각이 은연중에 깔려 있다는 것과, 다른 사람의 믿음을 외적인 모습으로 평가하여 단정한다는 것입니다. 믿음은 스스로 마음을 살펴보는 것인데 말입니다. 그런데 사실 이러한 모습은 여러 곳에서 보입니다. 본인도 부지불식간에 그렇게 이야기합니다. 물론 신심이 깊네, 신심이 없네 등등 어쩌면 자연스럽게 이야기할 수도 있습니다. 이런 대화도 조심해야겠지만, 무엇보다 외형적인 모습으로 신심을 단정한다는 것은 문제가 있습니다.

가령 연등을 많이 단 사람이나 헌금을 많이 낸 사람이 믿음이 뛰어난 사람인가 하는 것도 예가 됩니다. 설마 그것 가지고 판단할까 하겠지만, 가끔 그런 이야기를 듣기 때문에 드리는 말씀입니다. 부처님 오신 날마다 언급하는 '가난한 여인의 등불'은 그냥 하나의 이야기가 아닙니다.

옛날 홀로 사는 가난한 여인이 있었습니다. 부처님을 맞이하기 위해 등을 밝힌다는 마을 사람들의 이야기를 듣게 된 여인은 한 푼 두 푼 구걸한 돈으로 기름을 마련합니다. 그 양은 얼마 되지 않지만, 여인은 기쁜 마음으로 부처님이 지나가실 길에 불을 밝히고 지극 정성으로 기도하였습니다.

밤이 깊어감에 등이 하나 둘 꺼져 가는데 이 여인의 등은 더욱 밝게 빛나고 있었습니다. 날이 밝아지자 부처님은 목련존자에게 모든 등불을 끌 것을 지시합니다. 그런데 신통력으로도 그 여인의 등은 끌 수가 없었습니다. 이에 부처님은 말씀하십니다.

"큰 서원과 지극한 마음이 담긴 등불은 결코 꺼지지 않으리라. 이 등을 공양한 여인은 이후 부처가 되리라."

《경율이상》

중생심을 벗어버리지 못하는 한, 마음속에는 항상 기브 앤 테이크(give and take)라는 사고가 도도하게 흐르고 있습니다. 형식이 중요하기는 하지만 그것은 당사자의 몫입니다. 물론 가르침을 주기 위해 형식을 강조할 수도 있습니다. 그러나 내용 없이 형식만 안겨주고 그것을 통해 사람을 평한다는 것은 무리가 있다고 봅니다.

이러한 것들은 착하고 건전하고, 이러한 것들이 잘못이 없는 것이고, 이러한 것들이 식자에게 칭찬 받을 만하고, 이러한 것들은 실천하고 받아들이면 유익하고 행복을 가져오는 것이라고 스스로 알게 되면, 그때 그것들을 받아들이십시오.

《깔라마경》

그러면서 부처님은 이러한 것들이란, 바로 탐욕과 성냄과 어리석음을 벗어난 마음으로 계를 실천하는 것이라고 이야기합니다. 믿음도 마찬가지입니다. 외형적인 부분이 중심은 아닙니다. 더욱이 상대방의 신심 여부를 이야기하기 이전에 자기의 마음을 살펴볼 일입니다. 탐진치(貪瞋癡) 삼독(三毒)을 멀리하는 마음으로 삼보를 믿고 있는지. 믿음이 마음에 자리하고 있으면 탐진치 삼독은 결코 함께할 수 없기 때문입니다.

하심, 공부의 처음이자 끝

대화의 기술 한 가지, 듣기

대화나 회의를 할 때 가끔 상대방 이야기에 귀기울이지 않는 경우가 있습니다. 이는 대략 두 가지 이유가 있습니다. 하나는 상대방이 어떤 말을 할 것인지 미리 판단하여 그 생각을 앞서 가기 때문입니다. 이 경우에는 그 사람의 말을 듣기도 전에 무시하거나 혹은 그 사람의 말을 끊고 자기 이야기를 하게 됩니다. 상대방의 이야기가 무엇인지 뻔하다는 것입니다. 다른 하나는 상대방 이야기를 듣기보다는 자기 생각에 빠져 있기 때문입니다. 대화 가운데 자기 생각에 빠져 상대방이 무슨 이야기를 하고 있는지 파악하지 못합니다. 그러다가 본인 차례가 될 때 지금 전개되는 주제와 다른 내용을 이야기하거나 벌써 끝난 이야기를 새로운 이야기인양 장광설을 펼칩니다.

두 경우 모두 자기중심적인 사고의 결과입니다. 자기 생각으로 상대방 이야기를 '또 그 이야기겠지, 네가 하는 이야기는 뻔해' 라고 판단해버림으로써 상대방을 무시해버리거나, 자기 생각에 빠짐으로써 이야기의 맥을 놓쳐버리고 엉뚱한 이야기를 하게 됩니다. 자기 생각이 가득 차 있는 이상 다른 사람의 생각이나 이야기는 안중에도 없습니다. 그것은 대화가 아닙니다. 대화란 주고받음인데 말입니다. 자기 사고에 빠져 있는 한 일방통행일 수밖에 없습니다.

대화나 상담을 잘 하는 사람은 우선 다른 사람의 이야기를 잘 들어줍니다. 자기의 생각이 어떠하다는 것 이전에 상대방의 생각이 어떠한가를 먼저 살펴봅니다. 그것도 이야기하는 상대방을 보면서 그때그때 반응을 보입니다. 이는 상대방으로 하여금 신뢰를 주게 됩니다. 그런데 듣기가 쉬워 보여도 결코 그렇지 않습니다. 자기에게 맞는 이야기라면 경청할 수도 있겠지만, 자기에게 맞지 않는 이야기라면 상당히 어렵습니다. 상대방이 이야기하는 순간,

훈련되지 않은 우리 마음은 벌써 말을 만들어 밖으로 쏟아냅니다. 내 속에 너무도 많은 것이 가득 차 있기 때문입니다. 그것이 내가 알고 있는 세상의 지식이든, 상대방에 대한 여러 선입견이든, 아님 세월 속에 간직된 감정이든. 그것들이 가만히 있지를 못합니다.

학생 시절 한문선생님이 칠판에 '허심(虛心)' 이라 쓰시고 다음과 같은 가르침을 주셨습니다. "끊임없이 마음을 비워라. 너희들이 지금 무엇을 안다고 해도 그것을 비우고 다시 시작해라. 안다고 하는 순간에 벌써 놓쳐버리는 것이 있다. 비우고 또 비워라."

나를 버려야 세상을 얻는다

부처님 가르침 역시 끊임없이 자기를 낮추는 공부입니다. '나' 라는 생각(想, 相)이 가득 차 있다면, '나' 라는 생각을 방어하고 변명하기 위해 여러 가지 견해가 마음속 깊이 자리 잡게 됩니다. 이러저러한 견해가 가득 차 있다면 분별심은 샘솟듯 솟아납니다. 그러한 분별심 때문에 세상을 있는 그대로 보기는 틀린 일입니다. 그러므로 자신을 낮추고 남을 높인다는 것은 부처님 가르침을 배우고자 하는 이의 당연한 마음 자세이자 생활 속 수행입니다. 이것을 하심(下心)이라고 합니다.

자신의 마음속에 찌들어 있는 탐냄과 성냄과 어리석음의 못된 업, 더러운 때를 닦아 내고 맑은 자아를 발견하여 깨달음을 이루어 나가는 데는 첫째도 둘째도 나를 낮추고 남을 높이고 공경하는 하심 공부가 제일입니다. 진정 자신을 낮출 때만이 남을 받아들일 수 있고 자신의 마음을 부처님 법으로 가득 채울 수 있습니다.

하심! 이는 불교 공부의 시작이자 끝입니다. 자신이 잘나고 내가 제일이라고 우쭐대는 모습이야말로 가장 어리석고 모자라는 일입니다. 특히 불자에게 있어 이런 태도는 신행생활을 더디게 할 뿐 아니라 점점 부처님의 법에서 멀어지게 합니다. 그러므로 모름지기 불법을 공부하는 자는 스스로 머리를 숙이고, 세상의 모든 일에 있어서 교만심을 버려야 합니다.

그때 상불경이라는 보살비구가 있었느니라.

득대세야, 무슨 인연으로 이름을 상불경이라 하였는지 아는가. 이 비구는 만나는 비구·비구니·우바새·우바이를 보는 대로 모두 다 예배하고 찬탄하여 이렇게 말했느니라.

"나는 그대들을 깊이 공경하고 가볍게 여기거나 업신여기지 않습니다. 왜냐하면 그대들은 모두 보살의 도를 행하여 반드시 성불할 것이기 때문입니다."

그 비구는 경전을 읽지도 않고 외우지도 아니하고 다만 예배만 행하였느니라. 멀리서 사부대중을 볼 지라도 또한 쫓아가서 예배하고 찬탄하여 말하였느니라.

"나는 그대들을 깊이 공경하고 가볍게 여기거나 업신여기지 않습니다. 왜냐하면 그대들은 모두 보살의 도를 행하여 반드시 성불할 것이기 때문입니다."

사부대중 가운데 화를 내어 마음이 맑지 못한 사람들이 악한 말로 꾸짖고 욕하였느니라.

"이 어리석고 무지한 비구야, 너는 어디서 와서 우리들을 가볍게 생각하지 않는다고 하며, 또 반드시 성불하리라 수기를 하느냐. 우리들은 이와 같이 허망한 수기는 받지 않겠노라."

이렇게 여러 해 동안 두루 돌아다니며 항상 비웃음과 욕을 들을지라도 화를 내지 않고 말하였느니라.

"그대들은 반드시 성불하리라."

그가 이런 말을 할 때 여러 사람들이 막대기나 기와, 돌로 때리면 멀리 피해 달아나며, 오히려 큰 소리로 말하였느니라.

"나는 그대들을 가볍게 생각하지 않습니다. 그대들은 모두 성불할 것입니다."

그가 항상 이런 말을 하고 다녔으므로 자신이 깨달았다고 여기는 비구·비구니·우바새·우바이들은 그를 '상불경'이라고 불렀느니라.

…(중략)… 득대세야, 너의 생각은 어떠한가. 그때의 상불경 비구가 어찌 다른 사람이겠는가. 그 사람이 바로 내 몸이었느니라.

《법화경》

상불경보살(常不輕菩薩)이란 글자 그대로 '결코 상대방을 하찮게 여기지 않는다'는 뜻입니다. 어떠한 상황에서도 자신을 낮추며 상대방을 공경하는 상불경보살, '나'라는 상이 가득하다면 결코 실천할 수 없습니다. 나를 하염없이 낮추고 낮추었기에, 상대방이 예배하고 찬탄해야 할 부처님으로 보이는 것입니다. 조금이라도 나라는 생각이 있다면 어떤 상황에서도 상대방을 부처님처럼 예배하고 찬탄할 수 있겠습니까.

이쯤에서 석가모니부처님의 제자 한 분이 떠오릅니다. 바로 두타제일 마하가섭존자입니다. 마하가섭존자는 세속 나이로 볼 때 석가모니부처님보다 연장자입니다. 그리고 부처님 회상에 들어오기 전부터 수행 경력이 만만치 않습니다. 긴 기간 수행하였다면 나름대로 어느 위치에 있었다고 생각할 수 있습니다. 부처님 당시나 오늘날 공부하는 사람들을 볼 때, 자신보다 어리고 어찌 보면 '네가 뭔데' 하며 무시할 수도 있는 상황입니다. 그런데 그 모든 것을 버리고—아니 버린다는 생각조차 없었는지도 모릅니다—부처님의 제자가 되었습니다. 제 스스로를 보거나 주위를 볼 때 결코 쉬운 일이 아닙니다. 그러한 분이기에 아라한이 되었고 부처님 상수제자로서 부처님 법을 이었다고 봅니다.

그릇을 비워야 채울 수 있고, 꽃이 떨어져야 열매가 알차게 열리듯이, 나를 버려야 세상을 얻을 수 있습니다.

공부할수록 높아가는 아상

그런데 공부를 하면 할수록 점점 '하심'과 반대 방향으로 가게 됩니다. 부처님 가르침을 점점 익혀감에 따라 '나는 무엇을 했네', '나는 무엇을 보았네' 하며 처음 발심했을 때의 겸손한 마음 자세는 온데간데없고 스스로 아상(我相)만 더욱 단단하게 만들어 갑니다. 가끔 '어느 경전을 보았다'고 하거나 '어떤 스님을 안다'고 할 때, 그 밑바탕에는 자만심이 자리하는 경우도 있습니다. 이러한 자신의 모습을 자각하는 것도 대단합니다. 그러나 그것마저 놓쳐 버립니다. 그것이 하나의 상(相)인 줄 모릅니다.

한때 어느 분이 가방끈이 긴 사람일수록 부처 되기 힘들다고 말씀하신 적이 있었습니다. 당시에는 저 또한 그 가방끈 긴 사람에 해당하는지라 마음이 편하지 않았습니다. 그러나 다시 돌이켜 생각해보면 그 가르침이 소중하게 느껴집니다. 끊임없이 자신을 낮추라고 경책하는 장군죽비이기 때문입니다. 내리치는 장군죽비에 학창 시절 허심(虛心)의 가르침까지 함께 생각납니다.

다음 이야기는 《삼국유사》에 나오는데 이 이야기를 보면 아상을 버리는 것이 얼마나 힘든 것인지 알 수 있습니다.

스님은 만년에 태백산에 석남원을 세우고 문수보살을 친견하고자 하였다. 하루는 다 떨어진 옷을 입은 늙은 거사가 칡삼태기에 죽은 강아지를 담아지고서 스님을 찾아왔다. 그는 스님의 시자에게 말했다.

"스님을 좀 보러 왔다."

그러자 시자가 발끈하여 말했다.

"우리 큰스님을 모신 이래 감히 큰스님을 함부로 부르는 자를 아직 보지 못했거늘, 너는 대체 누구인데 이런 미친 소리를 하느냐?"

"너희 스님에게 알리기만 해라."

시자가 들어가 알리자, 스님은 말하였다.

"미친놈인가 보다."

제자가 이 말을 듣고 나와 욕을 하며 그 거사를 내쫓았다.

그러자 거사가 말했다.

"돌아가자. 돌아가! 아상을 가진 놈이 어떻게 나를 볼 수 있겠느냐?”

그리고는 칡삼태기를 뒤집어 터니 죽은 개가 사자로 변했다. 거사는 그것을 타고 빛을 뿌리며 가버렸다. 스님이 그 말을 듣고서야 위의를 갖추고 그 빛을 찾아 쫓아갔지만 이미 아득해져 따라가지 못하였다. 그러자 스님은 몸을 던져 목숨을 마쳤다.

공자 또한 아상과 관련하여 중요한 말씀을 하셨습니다. 공자가 평생 동안 따르고 존경했던 분이 주나라의 주공이었습니다. 그런 주공에 대해서도 공자는 다음과 같이 말했습니다.

“주공과 같은 재능과 아름다운 인품과 덕성을 지닌 사람일지라도(만약) 교만하고 인색하다면 여타의 것들이야 따질 필요조차 없다.”

교만(憍慢)은 아상의 또 다른 모습이라고 할 수 있습니다. 인색(吝嗇)하다는 것도 ‘나’라는 생각, ‘내 것’이라는 생각이 바탕이 됩니다. 따라서 재능과 아름다운 인품과 덕성을 지녔다 하더라도 ‘나’라는 생각이 있으면 보나 마나 하다는 말로 이해할 수 있습니다. 어쩌면 그러한 재능과 인품과 덕성은 위선일 수 있다는 해석도 가능합니다.

하심은 생활에서 우러나와야 합니다. 그렇지 않으면 하심도 상이 되어 또 다른 교만, 아만이 됩니다. 이른바 자신을 낮추고 남을 존중하는 모습을 통해 혹시 남이 알아주지는 않을까 하는 마음 말입니다. 불교에서는 이러한 마음을 비만(卑慢), 또는 아열만(我劣慢)이라고 합니다. 마음속으로는 자신이 높고 훌륭하다는 생각을 갖고 있으면서도 겉으로는 겸손한 체하는 경우입니다. 참으로 삶 속에서 우러나오는 자기 낮춤과 상대방에 대한 존경심이 아닌 경우, 마음 저변에는 아만이라는 번뇌가 미소를 짓고 있으니 말입니다.

절과 하심

절(寺)을 왜 절이라고 할까요. 누구는 신라에 불교가 처음 전래되었을 때 관계되는 '모례(毛禮)의 집' 의 '모' 가 '털 모(毛)' 자라고 할 때, '털례의 집' 에서 '털' 이 음운변화를 하여 '절' 이 되지 않았는가 하는 역사적 근거와 말의 근원을 관련지어 분석을 하기도 합니다. 누구는 절에 가면 절을 많이 하기 때문에 절이라고 한다고 말합니다. 누구는 소금에 배추를 절이면 배추의 숨이 죽듯이, 절은 절을 찾는 사람들의 여러 가지 상을 절이기 때문에 절이라고 한다고 말합니다.

여러 가지 그럴듯한 말 가운데 소금에 배추를 절이듯이 여러 가지 상을 절이고 자신을 낮추게 한다는 의미에서 '절' 이라고 한다는 마지막 말이 가슴에 와 닿습니다. 그리고 '절을 많이 하기 때문에 절' 이라고 한다는 말도 다음 이야기로 볼 때 똑같은 가르침으로 이해됩니다. 하심은 자기를 낮추어 자기의 마음을 살펴보고 자성을 밝히는 것입니다. 또한 자기 속에 있는 무한한 공덕과 복덕을 이루는 것입니다. 그리고 상대를 부처님으로 생각하여 존경하거나, 불성이 있다고 생각하여 거룩하게 받드는 수행법이기도 합니다. 이러한 표현이 절(拜)이요, 이러한 동작이 예법입니다. 절하는 장소라 하여 절이 되었습니다. 따라서 하심은 도에 나아가는 수행의 첫걸음입니다.

이러한 자신의 마음을 삶에서 항상 새겨보라는 가르침을 절 곳곳에서 만나게 됩니다. 우선 하마비(下馬碑), 절 초입에 있는 조그마한 표지석입니다. 말에서 내리라는 뜻입니다. 말을 타고 온 지체 높으신 분도 여기서는 내려서 직접 걸어 절로 들어오라는 뜻입니다. 우리 비록 말을 타고 갈 정도의 신분은 아니지만, 아상의 말에서 내리라는 뜻으로 받아들이면 좋을 듯합니다. 법당으로 올라가는 계단의 경사가 굉장히 급한 경우도 있습니다. 팔만대장경을 모신 해인사 장경각으로 올라가는 계단이 그렇고, 경주 불국사 관음전에 올라가는 계단이 그렇습니다. 결코 만만치 않습니다. 감히 고개를 쳐들고 거들먹거리면서 올라가거나 내려올 수 없습니다. 또한 법당 마당에 들어서기 전 누각 밑을 지나게 됩니다. 천장이 다소 낮은 경우가 있습니다. 이 역시 고개를 숙여야 합니다. 순간순간 자신을 낮추고 자신의 모습을 살펴볼 일입니다. 그리고 합장하는 순간순간도 마찬가지입니다.

일상 신행생활에서 언급하는 보시도 '나를 낮추는, 나를 버리는' 가르침 가운데 하나입니다. 육바라밀 가운데 보시가 제일 먼저 있는 것도 이렇게 이해할 수 있습니다. 다시 한 번 강조하지만, 불교는 나를 버리는 공부가 시작이자 끝입니다. 나라는 생각, 내 것이라는 생각이 있으면 결코 보시를 할 수 없습니다. 앞서 공자님 말씀으로 교만과 인색을 언급하였습니다. 교만과 인색 그 바탕은 똑같이 나라는 생각이 자리하고 있습니다. 나라는 생각이 있으니 교만하고 내 것이라는 생각이 있으니 인색할 수밖에 더 있겠습니까? 반대로 보시를 통해, 나눔을 통해 나라는 생각, 내 것이라는 생각을 버려나가는 것입니다.

어느 수련 단체의 프로그램 진행 가운데 있었던 일화입니다. 수련 프로그램을 시작하기에 앞서 진행자가 참여자에게 수련대회에 참여하게 된 이유를 물었습니다. 나를 버리려고 참여했다는 것이 대부분이었습니다. 이때 진행자는 참여자들에게 지금 자기가 가지고 있는 소지품을 하나씩 꺼내보라고 하였습니다. 참여자들은 영문도 모른 채 각자 소지품을 하나씩 꺼냈습니다. 진행자는 말하였습니다. "그 소지품을 자기 옆 사람에게 그냥 주세요." 그 순간 사람들은 당황했습니다. 말은 나를 버리려고 왔지만, 실상 나라는 생각이 뼛속 깊이 박혀 있기 때문에 선뜻 내 것을 주지 못한 것입니다.

나를 버리는 공부는 결코 쉽지 않습니다. 백일기도든 3·7일기도(21일 기도)든, 기간을 정해서 기도를 할 때 매일 천 원씩 모아보세요. 기도가 끝났을 때, 모은 돈을 절의 불전함에 넣거나 불사에 보태거나 주위의 사회단체에 기부해보세요. 그때, 모은 돈을 어디에 보시하고자 하는 순간에, 자신의 마음을 살펴보세요. 그 순간에도 계산하고 있는 자신을 발견할지도 모릅니다. 그 마음을 살펴보는 것 또한 공부입니다.

한편 다른 말씀도 마찬가지지만 하심 역시 상대방에게 강요한다는 것은 문제가 됩니다. 상대방이 상을 내는 듯한 모습을 볼 때 자신을 돌아보기보다는 그 상대방에게 '하심도 안 된 사람이……, 저렇게 상이 많은 사람이 어떻게……' 하며 손가락질하기 일쑤입니다. 상불경보살, 말 그대로 '항상 다른 사람을 가볍게 여기지 않는 보살' 이라는 뜻입니다. 남을 가볍게 여기지 않는다는 것은 항상 남을 존중한다는 말입니다. 혹시 우리는 하심이라는 좋은 가르침을 악용하고 있지는 않은지 반성해 볼 일입니다. 상대방을 존중한다는 의미에서 자비의 말로 다가가는 하심에 대한 가르침이 아니라, 스스로 하심이 안 된 상태에서 자기 안에 있는 나를 방어하거나 변호하기 위해서 상대방에게 하심을 강요하는 것은 아닌지 말입니다.

무릇 하심을 지닌 자에게는 온갖 복이 스스로 귀의하느니라.

《자경문》

발보리심,
깨닫고자 하는
마음으로

세상에서 가장 어려운 것

부처님 법 만나기 어렵다는 말은 신행생활 가운데 자주 듣게 됩니다. 경전을 독송할 때 항상 외우게 되는 개경게(開經偈)에도 있습니다.

가장 높고 매우 깊은 미묘한 가르침은 〔無上甚深微妙法〕
백천만겁 지나도록 만나기가 어려운데 〔百千萬劫難遭遇〕

불교의 시간 개념에서 가장 짧은 시간 단위가 '찰라' 라고 한다면 가장 긴 시간 단위는 '겁' 입니다. 겁을 나타내는 방법은 여러 가지 있습니다. 사방 40리나 되는 성안에 겨자씨를 가득 채우고 백 년마다 한 알씩 집어내어 그 겨자씨가 다 없어져도 겁은 다하지 않는다고 하거나, 하늘나라 선녀가 잠자리 날개처럼 얇은 천으로 된 옷을 입고 백 년에 한 번씩 사방 40리나 되는 바위를 스쳐 지나갈 때 마침내 그 바위가 다 닳아 없어지더라도 겁은 다하지 않는다고 합니다. 그러한 겁이 다시 백천만겁이나 되니 참으로 어마어마한 시간입니다. 그런데도 그 시간이 지나도록 만나기 어려운 것이 부처님 법이라고 하니, 참으로 어렵고 어려운 일입니다.

그리고 보통 '인간 몸 받기 어렵고 부처님 법 만나기 어렵다' 고 합니다. 인간 몸 받기 어려운 것을 《잡아함경》〈맹구경〉에서는 눈먼 거북이에 비유합니다.

이 세상이 모두 물바다가 되었을 때 눈먼 거북이가 있었습니다. 그런데 이 눈먼 거북이는 물속에 있다가 백 년에 한 번씩 물 밖으로 고개를 내밉니다. 한편 물 위에는 조그만 구멍이 뚫린 나무판자가 물결에 따라 이리저리 떠다닙니다. 이 눈먼 거북이가 백 년에 한 번씩 물 밖으로 고개를 내밀 때 그 나무판자 구멍으로 고개를 내밀게 되는 것보다 더 힘든 것이 인간으로 태어나는 것입니다.

그런데 다른 경전에는 인간으로 태어나는 것보다 더 힘든 것이 부처님 법을 만나는 것이라고 합니다. 시간적인 측면에서 볼 때에는 백천만겁이 지나도 부처님 법을 만나기 어렵고, 공간적인 측면에서 볼 때에는 눈먼 거북이가 나무판자 구멍으로 머리를 내미는 것보다 어렵다는 것입니다. 즉, 시간적 공간적으로 너무도 어려운 것이 부처님 법을 만나는 것입니다.

그런데 정말 아쉬운 경우도 있습니다. 이렇게 진짜 어렵고 어려운 난관을 다 뛰어넘어 부처님 법을 만나는 기회를 가졌지만, 소중한 인연임을 모르고 그냥 스쳐 지나가는 경우도 있습니다. 그 예로 인간으로 태어나는 것보다 부처님 세상에 태어나는 것이 힘들다고 하는데, 석가모니부처님이 계실 때에도 부처님 법을 받아들이지 않은 사람도 많습니다. 특히 부처님께서 부다가야에서 성도하시고 다섯 비구를 찾아 바라나시의 녹야원으로 가는 길에 여러 사람을 만나게 됩니다. 그러나 그중에는 부처님의 가르침을 그저 그러느니 하면서 귀 기울지 않는 이도 있었습니다. 나중에는 아예 비방하는 사람도 있었습니다.

이러한 관점에서 볼 때, 부처님 재세 시에 태어난 것도 아닌 상황에서 부처님 법을 만나 이렇게 신행생활을 한다는 것은 진짜 대단한 일입니다. 보통 사건이 아닙니다. 세상에는 신기하다, 신기하다 하는 일들이 많습니다. 일상적으로 우리 인식으로 이해되지 않는 일이 일어날 때 신기하다고 합니다. 차분히 생각해보면 우리가 이렇게 부처님 법 아래 모여 있다는 사실만큼 신기한 일은 없습니다. 어느 절 부처님 가슴에 우담바라가 핀 것보다도 더, 어느 때 하늘에서 꽃비가 내리는 것보다도 더 신기합니다.

사람이 악도를 벗어나 사람으로 태어나기가 어렵다. 이미 사람으로 태어나더라도 …(중략)… 부처님 세상에 태어나기 어렵다. 이미 부처님 세상에 태어났어도 가르침〔道〕을 만나기 어렵다. 이미 가르침을 만났더라도 신심을 내기 어렵다. 이미 신심을 일으켰더라도 깨닫고자 하는 마음〔菩提心〕을 일으키기가 어렵다. 이미 깨닫고자 하는 마음을 일으켰더라도 닦을 것도 없고 증득할 것도 없는 곳〔無修無證〕에 나아가기 어렵다.

《사십이장경》

발심은 바로 발보리심

불자로서 살아가는 데 중요한 마음가짐 가운데 하나가 신심입니다. 경전에서는 신심을 모든 공덕의 어머니라고 하며, 오염된 물을 마니보주가 깨끗하게 정화하는 것처럼 모든 악한 마음을 신심이 정화한다고 합니다. 그런데 이러한 신심을 바탕으로 하나 더 생각해야 할 마음가짐이 있습니다. 그것은 발심(發心)입니다. 말 그대로 마음을 일으킨다는 것입니다.

보통 부처님 법과 함께한다는 것이 어렵고 어려운 일이기에, 불교에 처음 발을 들인 것을, 부처님 가르침에 처음 마음을 낸 것을 초심(初心)이니 발심이니 초발심(初發心)이니 합니다. 그리고 '발심하셨네요, 마음 내셨네요' 하며 함께 기뻐합니다. 절에 들어온 계기가 어떻든 부처님 법을 가까이하고자 하는 마음을 낸 것이 바로 발심입니다. '발심'이라는 말을 듣고 큰 힘을 받게 되는 경우도 있습니다.

이러한 마음에 더욱 힘을 주는 말씀이 초발심시변정각(初發心是便正覺)입니다. 처음 마음을 일으킬 때가 문득 깨달을 때라는 뜻입니다. 이때 처음 마음을 일으킬 때를 가끔 처음 불교에 발을 들여놓았을 때로 이해하는 경우가 있습니다. 이 이야기를 듣고 기분이 좋으면서도 한편으로 이해하기 힘든 면도 있습니다. 발을 들여놓는 순간이 깨달은 순간이라니? 그냥 신심을 북돋아주는 말이거니 하며 받아들이기도 하고, 또는 맞는 말이라 생각하며 강한 신심으로 받아들이기도 합니다.

물론 처음 마음을 일으킬 때를 처음 불교에 발을 들여놓았을 때로 보는 것은, 부처님 법을 가까이하게 된 그 순간의 마음이 가장 순수하기 때문입니다. 동봉 스님은 《계초심학인문》을 풀이하는 가운데 초심을 다음과 같이 언급합니다.

누구나 초심 때는 한없이 숭고하다. 그의 마음은 아름답다. 곱고 맑은 법이다. 천진함 그대로다. 초심이란 절에 처음 들어와서만 내는 마음이 아니다. 순간순간 새롭게 내는 마음이 초심이다. 감사하는 마음이 초심이다. 불법을 만나게 됨을 다행스럽게 여기는 마음이다. 자신이 살아 있다는 데에 대해 고마움을 느끼는 마음이다. 모든 인연들에게 고마워하는 마음이 초심이다. …(중략)… 초심은 자기에 대한 물음이다. …(중략)… 또한 커다란 결단이기도 하다. …(중략)… 크나큰 신심이다.《나룻배와 행인》, 동봉 스님, 불광출판사)

여기서 초심, 발심이란 단순히 처음 불교에 발을 들인다는 의미가 아님을 알 수 있습니다. 이에 초심은 보리심을 처음 가진 사람을 말하는 것이요, 발심이란 부처 될 마음을 일으킨다는 뜻으로 이해할 수 있습니다. 여기서 '보리심'이나 '부처 될 마음'이나 같은 뜻입니다. 따라서 발심이란 그냥 처음 불교에 발을 들인다기보다는 발보리심(發菩提心)을 말합니다. 보리는 깨달음을 말합니다. 앞서 《사십이장경》에서 언급한 깨닫고자 하는 마음을 일으킨다는 것이 바로 발보리심이고 발심입니다. 여기에는 인간의 몸을 받고 태어난 대장부로서 어찌 깨달음을 얻지 못하겠는가 하는 분심(忿心)도 담겨져 있습니다. 그리고 보리심은 단지 깨달음이라는 내용만 뜻하는 것은 아닙니다. 모든 것을 포함합니다. 그런 의미에서 부처될 마음이라고 풀이한 것인지도 모릅니다.

불자여, 보살 마하살이 열 가지 보리심을 내는 인연이 있으니, 무엇이 열 가지인가? 이른바 일체중생을 교화하고 조복하기 위하여 보리심을 내며, 일체중생의 고통 무더기를 없애기 위하여 보리심을 내며, 일체중생에게 구족한 안락을 주기 위하여 보리심을 내며, 일체중생의 어리석음을 끊기 위하여 보리심을 내며, 일체중생에게 부처님 지혜를 주기 위하여 보리심을 내며, 모든 부처님을 공경하고 공양하기 위하여 보리심을 내며, 여래의 가르침을 따라서 부처님께서 환희케 하기 위하여 보리심을 내며, 모든 부처님 육신의 잘생긴 모습을 보기 위하여 보리심을 내며, 모든 부처님의 광대한 지혜에 들어가기 위하여 보리심을 내며, 여러 부처님의 힘과 두려움 없음을 나타내기 위하여 보리심을 낸다. 이것이 열 가지이니라.

《화엄경》

즉, 발심이란 나를 포함하여 주위에 있는 모든 이들과 함께하고자 보리심을 내는 것입니다. 여기서 보리심이란 상구보리(上求菩提) 하화중생(下化衆生)하고자 하는 보살심(菩薩心)을 말합니다. 발보리심이 바로 발보살심입니다.

발보리심의 씨앗

발보리심, 즉 깨닫고자 하는 마음을 내기란 쉽지 않습니다. 《사십이장경》에서도 부처님 가르침을 만나는 것보다도 더 어려운 것이 신심 내는 것이요, 신심 내는 것보다 더 어려운 것이 보리심을 일으키는 것이라고 하였습니다. 불자들에게 물어봅니다. 깨닫겠다는 마음으로 신행생활 하시는 분 손들어보세요? 이 질문에 자신 있게 손을 드는 불자는 많지 않습니다. 아니 거의 없다고 하는 편이 맞는지도 모릅니다.

그렇게 어렵고 어려운 것을 다 이겨내고 부처님 법에 들어왔지만, 깨닫고자 하는 마음을 낸다는 것은 자신의 일이 아니라고 보통 여깁니다. '감히 우리 같은 중생이 무슨 깨달음을, 스님도 어려운 일인데 어찌 우리 같은 재가자들이 무슨, 어느 세월에 우리 같은 중생이 깨달음을 얻겠는가' 등 우리들 대부분은 중생이라는 중생상 때문에, 또는 그로 인한 퇴굴심(退屈心)이 있기 때문에 선뜻 발보리심을 내지 못합니다. 신심보다 어려운 것이 발보리심이라고 했듯이 쉽지 않습니다. 이러저러한 이유로 야기된 중생상과 퇴굴심 때문에 깨닫고자 하는 마음을 일으키는 것을 우리 스스로 멀리 합니다.

중생상과 퇴굴심 밑바닥에는 이보다 더 근본적인 이유가 있습니다. 원효 스님이 말씀하셨습니다.

모든 부처님께서 적멸궁(열반)을 장엄하시는 것은 오랜 세월 동안 욕심을 버리고 고행하신 결과이고, 중생들이 불타는 집에서 윤회하는 것은 한량없는 시간 동안에 탐욕을 버리지 못한 탓이다.

막지 않는 천당인데도 가는 사람이 적은 것은 삼독(三毒)의 번뇌를 자기의 재물로 삼기 때문이며, 유혹하지 않는 나쁜 세계〔惡道〕인데도 들어가는 이가 많은 것은 네 마리 독사와 다섯 가지 욕락을 그릇된 마음의 보배로 삼기 때문이다.

누군들 산에 돌아가 도를 닦고자 하지 않겠는가마는, 그렇게 나아가지 못하는 것은 애욕에 얽혀 있기 때문이다. 따라서 산에 돌아가 마음을 닦지 못하지만 자신의 힘을 따라서 착한 행위를 버리지 말라.

《발심수행장》

불교를 접하면서 숙어처럼 듣게 되는 탐진치(貪瞋癡) 삼독(三毒)! 그 탐욕과 성냄과 어리석음 때문에 우리는 생사윤회를 계속하면서 막지 않는 천당도 가지 못할 뿐 아니라 도 닦을 생각도 없습니다. 따라서 우리의 신행생활은 숙어처럼 듣는 탐진치 삼독과 싸우는 끝없는 정진입니다.

돌이켜보면 우리 범부들은 자식의 학업 성취를 위해, 사업이 잘 되기를 위해, 가족 건강을 위해 등등 그런 마음으로 부처님 법을 가까이한 것이 사실입니다. 부처님 법을 가까이하면서도 늘 개인적인 욕심을 가지고 있습니다. 그러면서 발보리심과 일정한 거리를 두고 신행생활을 진행하고 있습니다. 어떻게 보면 반쪽 신행이기도 합니다.

그렇다 하더라도 부처님 법과 인연을 맺은 것은 결코 그냥 일어난 일이 아닙니다. 앞서 부처님 법과 함께한다는 것은 참으로 신기한 일이라고 하였습니다. 우담바라가 핀 것보다도, 꽃비가 내리는 것보다도 더 신기한 일이라고 하였습니다. 너무도 흔하고 너무도 당연하기에 귀중한 공기의 소중함을 모르듯이, 너무도 쉽게 생각한 나머지 이 인연에 대한 공덕의 소중함을 지금 모르고 있을 뿐입니다. 따라서 동기가 어떻든, 지금 신행 하는 마음이 어떻든, 그런 마음이 씨앗이 되어 부처님 법으로 접어든다는 것에 대해 무시할 수 없습니다. 그런 마음의 밑바탕에는 발보리심을 향한 씨앗이 싹트고 있기 때문입니다.

선남자여, 어느 중생이 외도를 받아들여 행하다가 외도의 뒤바뀐 학설을 좋아하지 않기 때문에 보리심을 발하기도 하고, 혹 어느 중생은 고요한 곳에 머물러서 선을 받아들이는 인연으로 보리심을 발하며, 혹 어느 중생은 생사의 허물을 관하여 보리심을 발하고, 혹 어느 중생은 악을 보거나 악을 듣거나 하여 보리심을 발하며, 어느 중생은 깊이 자신의 탐욕과 성냄과 어리석음과 인색과 질투가 가책이 됨을 알기 때문에 보리심을 발하고, …(중략)… 어느 중생은 여래의 경계를 생각하거나 논의할 수 없음(不思議)을 보고 들었기 때문에 보리심을 발하고, 어느 중생은 연민한 생각을 내어 보리심을 발하며, 어느 중생은 중생을 사랑하기 때문에 보리심을 발하느니라.

《우바새계경》

비록 어떤 경우에는 중생심 때문에 발보리심을 제대로 나타내지 못하지만, 계속되는 신행생활에 어느덧 보리심으로 향하게 됩니다. 그것이 어쩌면 예불문에 나오는 '그윽하고 은근하게 스며드는 부처님 가피력〔冥熏加被力〕' 인지도 모릅니다.

이런 맥락에서 발심을 처음 절에 발을 들일 때의 마음으로 해석할 수 있습니다. 처음 절에 발을 들일 때의 마음으로 꾸준히 신행생활을 하다 보면, 어느덧 불보살님의 가피력으로 인해 발보리심으로 굳게 선 자신을 발견할 수 있습니다. 처음에는 '자녀의 학업 성취' 나 '가장의 사업 성취' 등을 위해 시작했지만, 초심 때의 간절한 마음이 씨앗이 되어 어느덧 이웃과 함께하는 보살심으로 생활합니다. 이것이 바로 발보리심, 발보살심입니다. 이때 하늘에서, 주위에서 찬탄의 소리가 들리게 됩니다.

출가한 사람이 보리심을 발하는 것은 어렵지 않으나 재가자가 보리심을 발하는 것은 불가사의라고 한다. 왜 그러한가? 재가자는 많은 나쁜 인연에 얽혔기 때문이다. 재가자가 보리심을 발할 때는 사천왕천으로부터 제일 꼭대기 하늘까지 모든 하늘이 모두 크게 놀라서 기뻐하고 이러한 말을 하느니라.

"우리가 이제 인간과 하늘의 스승을 얻었다."

《우바새계경》

어렵고도 어렵습니다. 그러나 분명히 그 길로 나아가기에 부처님은 경전에서 발보리심을 말씀하셨습니다. 또 나약해지는 재가자의 마음을 헤아리기에 재가자의 발보리심을 언급하였습니다. 앞서 초심이란 순간순간 새롭게 내는 마음이라고 하였습니다. 새로운 마음가짐으로 긴 호흡 속에 한 걸음 한 걸음 나아갈 필요가 있습니다. 그리고 그 가운데 무엇보다 발보리심의 씨앗을 빨리 발현시키는 것이 중요한 일입니다. 발보리심 안에 불보살님의 지혜와 자비 공덕이 함께 있기 때문입니다. 당장 중생이라는 생각, 재가자이기 때문에 어쩔 수 없다는 생각을 내려놓았으면 합니다. 이는 석가모니부처님께서 열반에 드시기 전 당부하신 '자기를 등불로 삼고 가르침을 등불로 삼아라. 자기에게 의지하고 가르침에 의지하라〔自燈明 法燈明 自歸依 法歸依〕'는 말씀과 무관하지 않습니다.

기도의 힘,
그 간절함이여!

한 번이라도 간절한 기도를 하였느냐

기복(祈福), 기복신앙(祈福信仰)에 대한 문제 제기는 오래전부터 있어
왔습니다. 지금도 제기되고 있습니다. 앞으로도 계속 제기될 것
같습니다. 그런데 기복, 기복신앙이라고 말할 때, 우선 부정적인
느낌이 강하게 묻어납니다. 기복, 말 그대로 복을 바라는 것, 복을
비는 것은 올바른 신앙인의 모습이 아니라는 것입니다. 그러나,
부처님께서 갖추신 덕목이 지혜와 복덕인 것처럼 복은 중생들과
함께함에 있어 필요한 것이기에 복 그 자체를 결코 부정하지는 않
습니다.

그렇다면 복을 바라는 것이 왜 부정적으로 다가오는 것일까요?

그것은 아마 바라는 복이 돈이나 명예 등 개인을 위한 복이기 때문이거나, 또는 그 개인을 위한 복이 노력에 상응하는 결과라기보다는 노력 이상의 결과를 원하기 때문이거나, 또는 복을 얻기 위해 경우에 따라서는 정도에 어긋난 방법을 사용하기도 하기 때문일 것입니다.

따라서 기복이 아니라 작복(作福)을 해야 한다고, 복을 비는 것이 아니라 복을 지어야 한다고 주장합니다. 복을 짓기 위해서는 보시 등 이웃과 함께하는 신앙인이 되어야 한다고 합니다. 그리고 '부처님께 무엇을 해주십시오'가 아니라 '무엇을 하겠습니다'라고 말해야 한다고 합니다. 그러면서 한국불교의 문제점은 기복신앙에 있다고 주장합니다.

그런데 대부분의 사람들은 기복적인 면에서 절을 찾습니다. 가족의 건강이든, 경제적인 것이든, 가문의 영광을 위한 직장이나 명예에 관련된 것이든, 삶의 방황에 관련된 것이든, 이로 인한 물질적 어려움이나 정신적 불안에 대한 해결을 얻고자 부처님께 복을 구하고자 절을 찾는 경우가 대부분입니다. 단지 기복이라고 비판하기 이전에 살펴봐야 할 것이 있습니다. 그것은 그 마음 저변에는 이렇게 하면 부처님께서 해결해 주실 거라는 순수한 마음, 간절한 마음, 믿음이 깔려 있다는 것입니다.

몇 년 전 시골 산사에 있을 때였습니다. 그해는 참으로 눈이 많이 내렸습니다. 보름법회가 열리는 그날도 아침부터 눈발이 날리기 시작했습니다. 종무소에 있자니 전화가 왔습니다. 법회를 참석하러 오다가 차가 눈구덩이에 빠져 오도 가도 못하니 도와달라는 신도의 전화였습니다. 내려가는 길은 벌써 눈이 발목까지 쌓여 있었습니다. 도저히 사람 힘으로는 차를 빼낼 수 없어 마을에서 트랙터를 불러 해결하고 산길을 올라오는데, 저만치 앞서 노보살이 보따리를 이고 눈을 맞으며 발목까지 쌓인 눈길을 헤치며 걸어가고 계셨습니다. 늘 아드님을 위해 기도를 올리시는 분이었습니다. 눈길을 걷는 그 보살님을 보는 순간, '누가 저 분을 보고 기복이니, 기복신앙이니 할 수 있을까?' 라는 생각과 함께 어느 시인의 시가 떠올랐습니다.

너에게 묻는다

연탄재 함부로 발로 차지 마라

너는

누구에게 한 번이라도 뜨거운 사람이었느냐

《외롭고 높고 쓸쓸한》, 안도현

이 시가 마음속에 이렇게 전해졌기 때문인지도 모릅니다.

너에게 묻는다

기복이라 함부로 비판하지 말라

너는

누구를 위해 한 번이라도 간절한 기도를 하였느냐

이런 맥락에서 잠시 기복신앙 자체보다는 기복신앙을 바라보는 시각에 대해 생각해보고자 합니다.

우선 자신의 지난 모습을 돌아보지 않은 채 다른 사람의 신앙 형태를 한쪽으로 몰아세우는 경우입니다. 어떤 신행 단체의 경우, 자신들은 기복적인 형태나 제사의 모습을 띠지 않고도 부처님 가르침에 걸맞게 잘 운영된다고 자부하면서 기복적인 신앙을 비판합니다. 그런데 무조건 비판하기 이전에 잠시 자신의 모습과 그곳에 함께하는 분들의 지난 모습을 살펴보았으면 합니다. 과연 처음부터 그 자리에 계셨는지? 처음에는 기복적인 입장에서 입문하여 점점 여러 가르침을 통해 그 자리에 계신 것은 아닌지?

또 다른 문제는 기복신앙의 차원에서 신도들의 신심을 멈추게 하는 경우입니다. 기복이든 다른 이유이든 불교에 입문한 신도를 궁극적인 부처님 가르침으로 이끌지 못하거나 이끌려고 하지 않는 경우를 말합니다. 그리하여 부처님 가르침에 어긋난 신앙 형태를 방치 또는 조장하는 것이 더 큰 문제입니다. 아무리 순수한 신심으로 무장된 신앙일지라도 개인을 위한 것으로만, 세속적인 욕심을 해결하려는 것으로만 머무는 신앙이라면 진정 부처님의 가르침을 따르는 것이 아닙니다. 더구나 이를 그대로 방치 또는 조장한다는 것은 부처님 법을 배우고 실천하는 이가 가야 할 길이 더더욱 아니라는 것입니다.

구하고자 하면 반드시 응해준다

어느 교수가 어느 누구의 도움도 받지 않고 자신 혼자의 힘으로 열심히 노력하여 지금 이 자리에 섰다고 하였습니다. 물론 그 교수는 자신의 노력을 강조하고자 그렇게 말했을 것입니다. 그런데 다른 관점에서 살펴보면, 어느 누구의 도움도 받지 않고 자신의 힘으로 뜻을 이루는 것이 과연 가능할까요? 어쩌면 이 험악한 사바세계에서 방해하지 않은 것만도 도와준 것은 아닐까요? 너무 비약적인 표현이라고 하실 지 모르겠지만, 결코 비약적이지 않습니다. 혼자 사는 세상이 결코 아니기 때문입니다.

참고로 불교에서는 어떤 사건이 일어날 때 최소한 갖춰야 하는 직접적인 원인과 간접적인 조건이 있습니다. 그 가운데 하나가 증상연(增上緣)입니다. 증상연은 어느 사건이 일어날 때 힘이 되어 주는 간접적 조건 가운데 하나입니다. 예를 들면 씨앗에서 싹이 튼다고 할 때 씨앗이 직접적인 원인에 해당하는 인연(因緣)이라고 한다면 흙과 물 등이 간접적 조건인 증상연에 해당합니다. 그런데 이러한 증상연에는 두 가지가 있습니다. 하나는 힘을 직접 주는 여력증상연(與力增上緣)이고 다른 하나는 방해가 되지 않는 부장증상연(不障增上緣)입니다. 씨앗에 적당한 온도와 물은 힘을 주는 조건이기에 여력증상연이고, 거센 바람이나 추운 날씨가 아닌 것은 최소한 방해를 하지 않았기에 부장증상연입니다. 저 알 수 없는 안드로메다에 있는 외계인도 최소한 나를 방해하지 않았다는 면에서 지금 이 자리에 나를 있게 해준 고마운 존재입니다.

우리가 기도 등 신행생활을 이야기할 때, 타력이니 자력이니 말이 많습니다. 그런데 잠시 생각해보면, 결코 백 퍼센트 자력도 없고 백 퍼센트 타력도 없습니다. 백 퍼센트 타력인 것 같지만 간절히 매달리는 기도자가 없는데 어찌 다른 도움이 있겠습니까? 백 퍼센트 자력인 것 같지만 그 신행생활 하나 하나가 주위의 도움 없이 어떻게 가능하겠습니까? 생명을 지탱하는 곡기는 어디서 왔습니까? 입고 있는 옷은 또 어떻습니까? 무엇보다 중요한 스승의 가르침은? 어느 것 하나 스승 아닌 것이 없다는 말씀을 명심해야 할 것입니다.

우리는 감응(感應)이라는 말을 많이 씁니다. 이 말은 신앙하는 마음이 불보살에게 통하는 것을 뜻합니다. 그런데 이는 일방향적인 말이 아니라 쌍방향적인 말입니다. '감(感)' 이란 '불러들인다〔招引〕'의 뜻으로 중생이 불보살에게 다가가는 의미이며, '응(應)' 이란 불보살께서 이에 응하여 다가오시는 뜻입니다. 연못물이 맑아진 만큼〔感〕 달이 비치는 것〔應〕처럼, 중생이 부딪쳐 온 만큼〔感〕 불보살께서 응해주시는 것〔應〕 입니다. 따라서 중생의 다가감〔感〕과 불보살의 응해주심〔應〕이 서로 통하여 하나가 된다는 뜻입니다. 불보살의 가피(加被)도 이런 측면에서 이해해야 합니다.

자력(自力)신앙이니 타력(他力)신앙이니 구분을 짓기도 하지만, 앞서 감응이라는 뜻을 볼 때 결코 백 퍼센트 타력이란 있을 수 없습니다. 내가 노력하지 않는데 불보살이 나에게 응해줄 리 천부당만부당한 말입니다. 자력이니 타력이니 하는 말의 뜻은 어느 측면이 부각되는가 하는 차이뿐이지, 기도하는 노력 없이 어떻게 감응을 받을 수 있겠습니까? 즉, 어떻게 자력 없이 타력이 있을 수 있겠습니까?

제천 정방사 법당 현판에는 다음과 같은 글이 적혀 있습니다.

有求必應 (구하고자 하면 반드시 응해준다)

〈제천 정방사 법당 현판〉

간절함은 너와 나의 업을 녹인다

불교의 4대 명절 가운데 하나인 우란분절과 관련된《우란분경》을 보면, 아귀의 고통을 받고 있는 어머니를 위해 목련존자가 부처님께 그 방편을 묻자 부처님께서는 다음과 같이 말씀하십니다.

시방의 여러 스님네가 7월 15일에 자자(自恣:안거 마지막 날 행하는 참회의식)할 때 7대의 부모나 현재의 부모가 액난에 있을 때에 이를 위하여 밥과 백 가지 맛과 다섯 가지 과일과 물 긷는 그릇과 향유와 초와 평상과 와구를 갖추고, 세상에 제일 가는 맛난 음식을 그릇에 담아 시방의 대덕 스님께 공양하여야 할 것이니라. …(중략)… 청정한 계와 성현들의 도가 구족하니, 그 덕이 크게 빛나니라. 누구라도 이 자자하는 승가에게 공양하는 이는 현재의 부모와 7대의 부모와 여섯 가지 친속이 삼도(三途)의 괴로움을 벗어나서 곧 해탈할 것이요, 의식이 자연히 이르리라. 만일 어떤 사람이 부모가 현존한 이는 백 년 동안 복락을 받을 것이요. 만일 이미 돌아가신 7대 부모는 천상에 태어나되 자재하고 화생하여 천화광에 들어가 무량한 쾌락을 받으리라.

《우란분경》

반면《상응부경전》을 보면 다른 내용이 있습니다. 물에 빠진 돌을 기도로 떠오르게 할 수 없는 것처럼 악한 일을 한 사람이 죽은 뒤에 그를 위해 다른 사람이 모여 기도를 해도 하늘나라로 가지 못하며, 물에 뜬 기름을 기도로 물속으로 가라앉게 하지 못하는 것처럼 착한 일을 한 사람이 죽은 뒤에 지옥에 가도록 사람들이 기도해도 갈 이유가 없다는 것입니다. 이는 기복신앙에 대한 비판적인 관점을 가진 이들이 가끔 인용하는 내용입니다. 이 경전을 보면 어느 스님의 이야기가 떠오릅니다.

어느 스님의 누이가 스님이 거처하는 절에 왔습니다. 누이는 스님의 누이라는 이유로 빈둥빈둥 지내기만 하였습니다. 어느 날 스님이 누이에게 말하였습니다.

"누이는 왜 기도를 하지 않고 그렇게 저렇게 지내십니까?"

누이는 대답하였습니다.

"아니, 내 동생이 스님인데, 잘 알아서 나를 위해 기도해주지 않겠소."

스님은 아무 말 없이 그냥 자리를 피했습니다. 그런데 공양 시간이 되었는데도 스님은 누이를 부르지 않는 것입니다. 공양 시간이 지나고 누이가 스님에게 왜 공양을 주지 않느냐고 하자 스님이 답했습니다.

"아니, 누이, 제가 공양을 한 것이 누이가 먹은 것이나 다름없지 않습니까?"

그렇다면 앞의 《우란분경》은 어떻게 이해해야 할까요? 오늘날 우리는 이에 근거하여 신행생활 한 부분을 진행하고 있는데 말입니다. 스님들도 '자신을 위해 기도하지 말고 남을 위해 기도합시다' 라고 합니다. 그리고 천도재도 지냅니다. 앞에서 언급한 《우란분경》 이외에도 《지장경》에는 지극한 마음으로 재를 지내면 기도 공덕 칠분의 일이 죽은 자에게 가고 칠분의 육은 자신에게 온다고 하였습니다.

부처님의 가르침은 방편설이라고 합니다. 말씀 그 자체가 모든 내용을 담보하고 있는 것이 아니라 그 사람의 근기(수준, 상황)에 맞게 말씀하신 것이라고 합니다. 그렇다고 하여 아무런 중심 없이 이 사람에게 이렇게 말씀하시고 저 사람에게 저렇게 말씀하신 것은 아닙니다. 따라서 어떤 관점에서 하신 말씀인지를 파악하는 것이 중요합니다.

이에 부처님께서 말씀하신 상황이 달라 단순 대비가 부처님 말씀을 왜곡할 소지도 있겠지만, 두 경전을 조심스럽게 살펴보고자 합니다. 우선 두 경전의 구체적인 내용은 살아 있는 사람의 기도로 죽은 사람이 천도될 수 있는가에 대해 《우란분경》은 '있다' 고 하였고, 《상응부경전》은 '없다' 고 하였습니다. 그렇지만 《상응부경전》의 중심 내용은 살아 있는 사람의 기도로 죽은 사람이 천도될 수 없다기보다는 자업자득, 즉 자기가 지은 업은 자기가 받는

다는 것이 아닌가 합니다. 그리고 《우란분경》의 중심 내용은 살아 있는 사람의 기도로 죽은 사람은 천도될 수 있다기보다는 마음의 간절함이 아닌가 합니다.

따라서 그 간절함에는 기도하는 자(또는 산 자)와 기도를 필요로 하는 자(죽은 자) 모두의 간절함을 아울러 이야기하는 것이 아닌가 합니다. 물론 기도하는 자의 간절함은 이해할 수 있지만, '죽은 자(기도를 필요로 하는 자)는 어떻게 알 수 있는가' 의문을 제기할 수도 있습니다. 이 점에서 볼 때 어쩌면 부처님 말씀은 한편으로는 죽은 자를 위해 말씀하신 것 같지만, 살아가고 있는 우리들을 위해 방편으로 말씀하신 것인지도 모릅니다. 그러나 다른 한편으로는 이렇게 생각할 수도 있습니다. 기도하는 자의 기도로 그냥 천도되었다가 아니라 기도하는 자의 기도 힘이 계기가 되어 망자의 마음이 움직여 천도되었다, 또는 망자가 그 마음을 움직이고자 하였으나 그 힘이 미약하였는데, 기도하는 자의 힘에 의해 불보살의 가피력에 힘입어 마음이 움직였다는 것이 전제된 것으로 말입니다. 이렇게 이해한다면 자업자득(自業自得)의 내용과 크게 어긋나지 않습니다. 하여튼 그 가르침이 기도하는 우리들을 위해 하신 말씀이든 망자를 천도하기 위해 하신 말씀이든, 그 중심은 스스로 간절한 마음을 가지고 기도하며 생활하라는 말씀으로 이해할 수 있습니다. 그 간절함이란 뼈에 사무치는 진심을 말합니다.

목마른 사람이 물을 생각하듯

무릇 공안을 참구할 때에는 간절한 마음으로 공부하되 닭이 알을 품듯하고, 고양이가 쥐를 잡을 때와 같이하고, 굶주린 사람이 밥을 생각하듯 하며, 목마른 이가 물을 생각하듯 하고, 아기가 엄마를 생각하듯 하면 반드시 꿰뚫을 때가 있으리라.

《선가귀감》

이는 서산대사의 《선가귀감》에 나오는 것으로 참선하는 자의 마음가짐을 밝힌 것입니다. 이에 대해 서산대사께서 다음과 같이 평했습니다.

닭이 알을 품는 것은 더운 기운을 늘 지속하는 것이요, 고양이가 쥐를 잡을 때에는 마음과 눈이 움직이지 않으며 또는 굶주릴 때 밥을 생각하는 것, 목마를 때 물을 생각하는 것, 어린아이가 엄마를 생각하는 것들은 모두 다 진심에서 우러난 것이고, 억지로 지어내는 마음이 아니므로 간절한 것이다. 참선할 때 이렇듯 간절한 마음 없이 꿰뚫어 사무친다는 것은 있을 수 없다.

《선가귀감》

닭이 알을 품 듯, 고양이가 쥐를 노려보듯, 굶주린 사람이 밥을 생각하듯, 목마른 이가 물을 생각하듯, 아기가 엄마를 생각하듯. 이는 스님들이 간절함을 이야기할 때 거의 상용구처럼 언급하는 말씀입니다. 이는 참선수행자를 위해 하신 귀중한 말씀이지만 모든 신행생활에 있어 새겨둬야 할 내용입니다. 한편《수행도지경》에서는 수행하는 이의 마음가짐에 대해서 다음과 같은 비유를 들고 있습니다.

옛날 어떤 국왕은 국내에서 가장 지혜로운 사람을 가려 대신으로 삼으려 했다. 왕은 사람을 시험하여 그의 행동에 따라 중용하려고 신하들에게 명령하되, 발우에 기름을 가득 담아 그 사람으로 하여금 들게 하고는 북문에서 남으로 나와 20리 밖에 있는 '조희'라는 동산으로 가게 했다. 그리고 기름을 한 방울이라도 땅에 떨어뜨리면 그 머리를 베라고 하고 그 이유는 묻지 말라고 했다.

그리하여 신하들은 왕의 명령에 따라 발우에 기름을 가득 부어 그 사람에게 주었다. 그는 그것을 두 손으로 들고 매우 조심하면서 길을 떠났다.

수레와 말을 탄 사람이 길을 메우고 사람들이 시비를 걸어도 그는 걸음걸이를 흩트리지 않았고, 친척과 처자들이 곁으로 다가와도 마음을 안정시켜 좌우를 돌아보지 않았으며, 온 나라 사람들이 몰려나와 떠들어도 마음을 단정히 가져 그들을 돌아보지 않았다. 그리고 왕녀와 미녀들이 노래하고 춤을 추면서 다가오자 다른 사람들은 다 그것을 보고 기뻐했으나 그는 일심으로 발우를 받들고 흔들리지 않게 했고 또한 망상을 조금도 일으키지 않으면서 오로지 발우만을 들고 그들의 말소리를 듣지 않았다. 또 사나운 코끼리와 말이 성에서 뛰어나오고 성에는 불이 일어나 백성들이 서로 부르짖었다.

"빨리 불을 피하고 구덩이에 떨어지지 말라."

관리들이 모두 나와 불을 꺼도 그는 일심으로 발우만을 받들어 한 방울의 기름도 떨어뜨리지 않았다. 또 하늘이 울고 땅이 흔들리며 사나운 바람이 나무를 꺾고 먼지가 일며 번개가 번쩍거리고 벼락이 때려 새와 짐승들이 맞아 죽고 사람들이 놀라 부르짖어도 그는 오로지 기름만을 생각하고 그런 소리는 듣지 않았다.

그리하여 그는 기름 발우를 들고 그 동산까지 갔으나 기름은 한 방울도 떨어뜨리지 않았다. 신하들은 이 사실을 왕에게 여쭈었다. 왕은 기뻐하면서 그를 대신으로 삼았다.

수도하는 사람이 마음을 다스리는 것도 이와 같다. 비록 저 사나운 음욕과 분노와 어리석음이 일어나 마음을 흔들 때라도 안으로 살피고 밖으로 다스리면서 마음을 다잡아 흐트러지지 않게 해야 하는 것이니, 삼매의 고요한 뜻도 또한 이와 같다.

《수행도지경》

다시 한 번 강조하지만 이 이야기는 모름지기 참선 수행하는 이에게만 적용되는 것이 아닙니다. 신행생활 하는 모든 곳에서 간절한 마음과 흔들림 없는 모습이 필요합니다. 《천수경》을 외우며 '원컨대 제가〔願我〕…' 라고 발원하지만 과연 뼈에 사무치듯 간절함이 있는지. 몇 시간을 정근하지만, 이번 생(生)이 아니면 안 된다는 간절함 속에 부처님의 가피를 구하고 있는지. 원을 세우고 천배 만배 절을 하지만 잠시나마 '이런다고 되겠어' 라는 퇴굴심(退屈心)을 가지고 있지는 않는지. 불사(佛事)를 진행함에 있어서 간절한 마음으로 행동함이 없이 입으로만 장광설을 하고 있지는 않는지. 순간순간 살펴보고 살펴볼 일입니다.

"진정 이번 생에 사무쳐 깨닫지 못하면 어느 생에 다시 불법을 만나리요."

참회,
새로운 삶의 시작

나무아미타불 한 번으로 극락 가기

불자이든 아니든 불교에 대해 가장 귀에 익은 구절 가운데 하나가 '나무아미타불'입니다. 여기서 나무(南無)란 나모(namo)라고 하는 인도말로 부처님께 '귀의하다', 부처님께 '돌아가 의지하다'라는 뜻을 소리 나는 그대로 한자로 옮긴 것입니다. 〈삼귀의〉할 때의 '귀의'입니다. 따라서 나무아미타불이란 '아미타부처님께 귀의합니다'라는 뜻입니다.

그런데 나무아미타불이라는 말과 함께 우리에게 전해지는 스님들의 말씀이 있습니다. 바로 죽기 전에 나무아미타불 한마디만 하면 지옥에 떨어지지 않고 극락에 태어날 수 있다는 것입니다.

이에 대해 찰떡같이 믿는 사람도 있고, 설마하는 사람도 있습니다. 그렇지만 그 사정이 어떻든 우리가 죽은 자를 위해 그들이 좋은 곳으로 갈 수 있도록 외우는 구절이 나무아미타불입니다. 그렇다면 과연 죽기 전에 나무아미타불 한마디로 극락에 갈 수 있을까요? 불교는 막연히 '믿어라' 하는 가르침이 아니기에 가끔씩 어리석은 중생을 위해 스님들이 좋은 법문을 해주십니다.

설령 그들이 여러 가지 공덕을 쌓지는 못하더라도, 마땅히 위없는 보리심을 발하고 생각을 오로지하여 다만 내지 십념(十念)으로 아미타불을 염하고 극락세계에 태어나고자 원을 세워야 하느니라.
《무량수경》

이와 같이 지심(至心)으로 소리를 끊이지 않고 십념(十念)을 구족해서 나무아미타불을 외워야 한다.
《관무량수경》

이와 같이 경전에 의거할 것 같으면 지극한 마음으로 신심과 환희심, 보리심을 내어 십념으로 아미타불을 부르고 염하여 극락세계에 태어나고자 발원하라고 하십니다. 즉, 막연히 나무아미타불을 외우고 염하는 것은 아닙니다. 그리고 스님들마다 십념에 대한 의견이 다양합니다.

어떤 스님은 아미타부처님을 열 번 소리내어 외운다(稱, 《관무량수경》)고 하였고, 어떤 스님은 자비심 등 열 가지 마음을 갖추고 아미타부처님을 염한다(念, 《무량수경》)고 하였습니다. 어떤 스님은 염불의 횟수에 상관없이 모두 극락에 왕생할 수 있다고 합니다. 보통 일념(一念)으로 아미타부처님을 생각한다는 말에서 '일념' 이라는 용어 때문에 한 번이라도 나무아미타불을 염하면 극락왕생한다고 합니다.

그렇다면 과연 죽기 전에 나무아미타불을 염한다고 극락에 갈 수 있겠습니까? 우리 삶을 통해 생각해봅시다. 과연 죽음을 앞둔 사람이 죽음의 그림자가 엄습해 오는데, 그 순간 한마음으로 나무아미타불이라고 할 수 있겠습니까? 스님들의 글을 보면 사람이 태어나는 순간과 죽는 순간에는 정신을 잃어버리고 기절해버린다고 하는데, 그 급박한 순간에 '아이고 어머니' 할 여력도 없는 순간에 '나무아미타불' 하며 참된 정성이 나올 수 있겠습니까? 평소 나무아미타불을 수없이 반복하여 믿음으로 살아왔던 사람의 경우에야 순간 죽음이 엄습해와도 초연한 마음으로 나무아미타불이라고 할 수 있다는 것입니다. 평소 올곧게 살아가고 실천해 나가는 자, 즉 신행이 생활인 자, 생활이 신행인 자라야 죽는 순간에 자연스럽게 나무아미타불이 나올 수 있다는 것입니다. 어쩌면 '죽기 전에 나무아미타불을 외우면 극락왕생한다'는 말은 죽기 전 그 순간만을 말하는 것이 아니라 살아가는 순간순간을 말하는 것이 아닌가 합니다. 사실 따지고 보면 이 순간 다음을 누구도 장담할 수 없기 때문입니다. 그리하여 '나무아미타불' 속에 우리는 순간순간 새롭게 태어난다고 볼 수 있습니다.

그리고 죽기 전에 나무아미타불을 할 수 있는 또 한 경우가 있습니다. 진정으로 마음에서 우러나는 참회(반성)를 하는 경우입니다. 죽음을 앞두고 자신의 삶을 돌이켜 보니 참으로 잘못한 일이 가슴 깊은 곳에서 일어나는 것입니다. 이제 시간은 없고 곧 죽음의 그림자가 다가오니 '아이고 부처님, 참으로 제가 잘못했습니다' 하고 피눈물 날 정도로 참회를 하는 경우입니다. 그 순간 모든 것을 잊고 오로지 자신의 잘못을 참회하고 불보살을 염할 때 '나무아미타불'이라는 참 정성이 나오고 그 마음은 극락으로 이어진다는 것입니다. 무간지옥에 떨어질 오역죄를 지은 자도 참회를 하는 경우 극락에 태어날 수 있다고 하셨는데, 우리의 경우도 그럴 수 있다는 것입니다. 진실된 참회를 할 때 마음 깊은 곳에서부터 '나무아미타불'이라는 외침이 터져 나올 수 있습니다. 따라서 그 참회에 의해 마음이 청정하게 되어 자비심 등 열 가지 마음을 구족하고 일념으로 불보살을 소리내어 외침으로써 극락왕생할 수 있게 되는 것입니다. 이 역시 죽음 직전이나 죽음 이후만을 말하는 것이 아닙니다. 즉, 참회를 통해 새로운 삶을 맞이하게 된다는 말입니다. 오늘을 살아가는 이 순간에도 말입니다.

하루하루 자신을 돌이켜 보며

나가세나존자와 밀린다왕의 대화를 담은 《밀린다왕문경》(혹은 《나선비구경》)에 다음과 같은 이야기가 있습니다.

밀린다왕은 나가세나에게 물었다.

"스님, 알고 나쁜 짓을 하는 사람과 모르고 나쁜 짓을 하는 사람 중 누가 더 큰 화를 입습니까?"

"모르고 나쁜 짓을 하는 사람이 더 큰 화를 입습니다."

"그렇다면 우리 왕자나 대신들이 모르고 잘못을 저질렀다면 그들에게 갑절의 벌을 내려야 하겠습니까?"

"임금님, 어떻게 생각하십니까? 이글이글 달구어진 쇠붙이를, 한 사람은 모르고 잡았고 한 사람은 알고 잡았다고 하면 어떤 사람이 더 심하게 화상을 입겠습니까?"

"모르고 잡은 사람이 더 심하게 화상을 입습니다."

"그와 마찬가지로 모르고 악행을 하는 사람이 더 큰 화를 입습니다."

"잘 알겠습니다. 나가세나 스님."

《밀린다왕문경》

이 대화는 일반 상식과 차이가 있습니다. 보통 모르고 했다면 어느 정도 이해해 줄 수는 있지만, 알고 나쁜 짓을 했다면 더 나쁘다고 하기 때문입니다. 그러나 이렇게도 생각할 수 있습니다. 만약 지금 행한 행위가 나쁜 행위인지 좋은 행위인지 모르고 했을 때 그가 그 행위를 반복한다면, 그 행위가 나쁜 행위일 경우 그의 죄는 더욱 쌓여갈 것입니다. 또한 자신이 행한 행위에 대하여 반성의 여지, 참회의 기회가 없음으로 인하여 그 행위에 대한 용서나 죄를 소멸할 기회를 잃어버리게 될 것입니다. 이런 측면에서 앞의 대화 내용을 이해할 수 있습니다.

우리들은 자신도 모르게 스스로 잘못을 저지르기도 하고, 다른 이로 하여금 잘못을 저지르게 하기도 합니다. 만약 그 죄가 모습이 있다면, 그 죄를 모아 보면 수미산보다 더 클 것이며, 갠지스강의 모래 수보다도 많을 것입니다. 따라서 스스로 짓고 있는 행동 하나, 말 한마디, 생각하는 순간순간 늘 돌이켜 보는 여유와 노력이 필요합니다.

우리는 아무런 허물없이 살아갈 수는 없습니다. 순간순간 욕심이 일어나기도 하고 어떤 일에 화를 내기도 하고 또는 순간적으로 잘못 판단하여 과오를 범하기도 합니다. 비록 밖으로 허물이 드러나지는 않지만 속으로는 더 심한 허물을 만들어내는 경우도 있습니다. 따라서 자신의 삶을 돌아본다는 것은 매우 중요합니다. 처음에는 신심으로 무장되어 열심히 정진해나가는 것 같지만, 곧 탐진치 삼독에 휩쓸려 고통의 바다에 빠지게 됩니다. 이때 자신을 살펴보는 힘이 필요합니다.

자신을 돌아보는 마음 없이 신행생활을 한다는 것은 커다란 진전을 기대하기 힘듭니다. 기도하는 사람이든, 기도를 필요로 하는 사람이든, 그 마음에 참회가 없다면, 물론 그 나름대로의 의미가 있는지는 모르겠지만, 참다운 변화를 이루는 기도가 될 수 없습니다. 어쩌면 참회 없는 기도는 도둑놈 심보입니다. 자신은 반성도 하지 않은 채, '무엇해주십시오, 무엇해주십시오' 라는 것은 일상생활에서도 낯뜨거운 일인데, 마음으로 통하는 기도에서야 어떻겠습니까? 어쩌면 기도 자체가 성립되지 않는지도 모릅니다. 참으로 나의 그릇이 비워지고 깨끗해질 때 그에 따른 물건이 채워질 수 있는 것이 아니겠습니까?

신행생활 곳곳에서 참회를 강조합니다. 법회를 할 때나 기도를 할 때, 발원문을 읽습니다. 그런데, 발원문은 대부분 찬탄, 참회, 발원, 회향의 내용으로 구성되어 있습니다. 여기서 찬탄이란 불법승 삼보에 대한 찬탄을 말하고, 참회란 자신의 모습을 돌아보고 반성하는 것입니다. 찬탄과 참회를 통한 청정한 마음가짐 위에 발원을 하게 되고, 아울러 그 기도의 공덕이 모든 이와 진리에 돌아갈 수 있도록 다짐하며 마무리합니다. 참회가 없는 발원이란 모래로 밥을 짓는 것과 같습니다.

어떤 스님께서는 큰마음을 내어 기도를 시작하거나 경전 공부를 하고자 하는 불자에게 먼저《지장경》독경 백일기도를 꼭 권합니다. 이 또한 참회를 강조하는 가르침입니다.《지장경》을 보면 잘못에 대한 과보로 지옥 등을 언급하고 있습니다. 경을 읽는 동안 자신의 모습을 돌아보지 않을 수 없습니다. 굳이 지옥보를 받는 것 때문에 지금 반성한다는 것이 아니라 그 언급된 악업을 통해 자신의 삶을 살펴보게 됩니다. 한 구절 한 구절 읽어나갈 때마다 자신의 죄업을 참회하고 일념으로 불보살의 명호를 생각하며 기도한다면, 어느덧 지옥은 딴 세계 이야기가 되어버리고 지금 이 순간이 바로 불보살과 함께함을 느끼게 됩니다. 그리고 앞서 말한 찬탄, 참회, 발원, 회향이 한순간에 다 녹아 하나가 되어 버립니다. 그 순간이 극락이 아니고 무엇이겠습니까?

과거를 반성하고 미래를 다짐하다

사람이 많은 허물이 있는데도 스스로 뉘우치지 않고 그대로 지나버리면 죄는 몸에 이를 것이니, 마치 물이 바다로 돌아가 점점 깊고 넓게 되는 것과 같다. 만약 허물이 있더라도 스스로 그릇된 줄 알고 악을 고쳐 선을 행하면 죄가 저절로 없어질 것이니, 마치 병자가 땀을 내고 차차 회복되어 가는 것과 같다.

《사십이장경》

허물은 숨기면 숨길수록 커집니다. 죄가 있으면 곧 참회하고 잘못된 일이 있으면 부끄러워할 줄 아는 것이 참다운 용기입니다. 자기의 허물을 숨기기 위해 더 큰 잘못을 짓는 경우를 주위에서 흔히 볼 수 있습니다. 그래서 호미로 막을 것을 가래로 막게 됩니다. 그러나 이 순간만 모면하면 된다는 어리석은 생각에 마음에서 나오는 소리를 무시해버립니다. 자신의 허물을 드러내 반성하고 스스로 자신을 다스려 새롭게 되면 그 죄업도 마음을 따라 없어지게 된다는 부처님 말씀을 새길 필요가 있습니다.

따라서 참회는 모든 수행에 앞서 먼저 요구되는 것입니다. 부처님 법을 배움에 있어서 지난 잘못을 먼저 뉘우치고 다음에 다시 그런 죄악의 씨가 되는 업행(業行)을 짓지 않기로 뉘우치는 것은 무엇보다도 중요합니다. 이에 혜능 스님은《육조단경》에서 '참회'를 다음과 같이 풀이하셨습니다.

무엇을 참(懺)이라 하고, 무엇을 회(悔)라고 하는가? '참'이란 지나간 허물을 뉘우침이다. 전에 지은 악업인 어리석고 교만하고 속이고 질투하는 등의 죄를 다 뉘우쳐 다시는 영원히 일어나지 않도록 하는 것이다. '회'란 이후에 오는 허물을 뉘우침이다. 지금부터 이후에 있을 악업인 어리석고 교만하고 속이고 질투하는 등의 죄를 지금 깨달아 모두 다 영원히 끊어 다시는 더 짓지 않는 것이다. 범부들은 어리석어 단지 지나간 허물을 뉘우칠 줄 알면서도 앞으로 있을 허물을 뉘우칠 줄 모른다. 뉘우칠 줄 모르기 때문에 앞의 허물이 없어지지 않고 뒤의 허물이 다시 생겨난다. 앞의 허물도 없어지지 않고 뒤의 허물이 다시 생기게 되니, 어찌 참회라 할 수 있겠는가?

《육조단경》

서산대사도《선가귀감》에서 다음과 같이 말씀하셨습니다.

참회란 먼저 지은 허물을 뉘우치고 다시는 짓지 않겠다고 맹세하는 일이다. 참괴(慚愧 : 부끄러워함)라는 것은 안으로 자신을 꾸짖고 밖으로 허물을 드러내는 일이다. 마음이란 본래 비어 고요한 것이므로 죄업이 붙어 있을 곳이 없다.

《선가귀감》

즉, '참'은 전에 지은 허물을 뉘우치는 것으로, 옛날부터 지은 모든 악업을 뉘우치는 것입니다. '회'는 이제부터 앞으로는 이와 같은 모든 죄를 더 짓지 않도록 뉘우치는 것을 말합니다. 한편 돈황본《육조단경》에 의하면, '참이라고 하는 것은 종신토록 잘못을 짓지 않는 것이요, 회라고 하는 것은 과거의 잘못을 아는 것이다'고도 합니다. 이렇게 해석하든 저렇게 해석하든 참회는 먼저 지은 허물을 뉘우쳐 다시는 짓지 않겠다고 맹세하는 일이라고 풀이됩니다.

물론, 참회(懺悔)에 대한 다른 풀이도 있습니다. 범어 크사마(kṣama

: 참다)의 음략(音略)인 '참'에 후회, 회과(悔過)의 뜻인 '회'를 붙였다고 풀이합니다. 혹은 '참'은 용서를 구하는 것, '회'는 다른 사람에게 자신의 죄를 고백하여 죄를 없애는 것이라고 봅니다.

이처럼 참회는 지난 잘못을 반성하는 것이기도 하지만 앞으로 잘못된 행위를 하지 않겠다는 다짐도 담겨 있습니다. 그러나 사실 그렇게 쉬운 것은 아닙니다. 우리의 삶은 잘못과 반성의 연속입니다. 알고도 모르고도 동일한 잘못을 반복해서 행합니다. 그렇다고 주저앉을 것이 아니라 그 순간 또 마음을 다스려 참회하고 참회하는 것이 필요합니다. 계를 받았는데도 수계식에 동참하라고 권유하는 이유 가운데 하나가 참회의 기회를 주고자 하는 것입니다.

한편 참회는 안팎이 하나가 되어야 합니다. 입으로는 반성합니다, 참회합니다 라고 하지만 딴마음을 품고 있다면 참다운 참회가 아닙니다.

이때 이 천인은 부처님 말씀을 듣고서 부처님께 말씀드렸다.

"제가 지금 실로 죄와 허물이 있습니다. 오직 원컨대 저의 참된 마음의 참회를 들어주소서."

이때 부처님께서 침묵하셨다.

천인은 말씀드렸다.

"제가 지금 죄에 대한 참회를 드렸으나 당신께서는 저의 참회를 받아주지 않으시니, 악심과 좋지 않은 마음을 품고서 원망과 미움을 버리지 않은 것입니까?"

세존께서 다시 천인에게 대답하셨다.

"죄를 말하고 참회했다고 말하나 안으로는 실로 그렇지 않으니 어떻게 미움과 원망을 버리고 어떻게 착함을 얻겠는가?"

《별역잡아함경》

참회로 다시 태어나다

다시 태어남! 어떤 종교에서는 이를 부활(復活)이라고 합니다. 그 종교에서 부활의 의미를 어떻게 보고 있는지는 모르지만 불교에서도 다시 태어남에 대한 이야기가 있습니다.

석가모니부처님 당시 앙굴리말라라고 불리는 흉악한 살인마가 있었습니다. 그 사람도 원래 흉악한 사람은 아니었습니다. 그는 이전에 개미 새끼 하나 죽이지 못하는 '아힘사(不害)'라고 불렀던 수행자였습니다.

어느 날 스승이 외출한 사이에 평소 아힘사의 외모에 반한 스승의 부인이 유혹의 손길을 뻗쳤습니다. 그러나 아힘사는 그 유혹을 뿌리쳤습니다. 이에 앙심을 품은 부인은 혹시 이 일이 남편에게 알려질까 두려워 남편이 돌아오자마자 거짓말을 했습니다.

"낮에 당신이 없는 사이 아힘사가 나를 겁탈하려고 했소."

노한 스승은 스승의 체면도 있고 단순하게 아힘사를 쫓아버린다는 것은 분에 차지 않았습니다.

스승은 아힘사를 조용히 불렀습니다.

"아힘사, 너야말로 수행자답구나. 그래서 너에게만 빠른 시일 내에 해탈할 수 있는 방법을 알려주겠다. 그것은 바로 천 명(어떤 경전에는 백 명)의 사람을 죽여서 그 사람의 손가락으로 목걸이를 만드는 것이다."

스승의 말이라면 어떤 말도 따르는 아힘사는 티끌만한 의심도 없이 거리를 나섰습니다. 이리하여 아힘사는 손가락으로 만든 목걸이라는 뜻인 앙굴리말라라는 이름으로 악명을 떨치게 되었습니다.

999명의 사람을 죽이고 나머지 한 사람이 남았습니다. 그런 앙굴리말라 앞에 어머니가 나타났습니다. 그는 어머니를 해치기 위해 다가갔습니다. 이때 부처님이 그 가운데 나타났습니다. 앙굴리말라는 부처님에게로 방향을 바꾸었습니다. 그러나 부처님의 모습과 가르침에 앙굴리말라는 자신의 지난 일을 참회하고 부처님의 제자가 되었습니다.

부처님의 제자가 되었다하더라도 앙굴리말라의 악명은 사라지지 않았습니다. 앙굴리말라가 마을로 가면 사람들은 모두 숨어버렸습니다. 그런데 어느 날 임신부가 해산을 위해 산실에 들었다가 앙굴리말라가 왔다는 이야기를 듣고 공포에 휩싸여 해산을 못하고 있었습니다. 가족들은 앙굴리말라에게 저주를 퍼부었습니다.

부처님은 슬픔에 빠져 돌아온 앙굴리말라에게 말씀하셨습니다.

"앙굴리말라여! 너는 곧 그녀에게 가서 '저는 이 세상에 태어난 뒤로 아직 산목숨을 죽인 일이 없습니다. 이 말이 사실이라면 당신은 편안히 해산할 것입니다' 라고 말하라."

앙굴리말라가 여쭈었다.

"부처님, 저는 무려 999명이나 죽인 살인자인데, 산목숨을 죽인 일이
없단 말입니까?"
"앙굴리말라여, 불법에 들어오기 전은 전생이다. '세상에 태어난 뒤'
라는 것은 불법에 들어온 뒤를 말한다."
앙굴리말라가 부처님 말씀대로 하자 임신부는 편하게 해산을 하였다.
《불설앙굴계경》

극악무도한 살인마인 앙굴리말라도 지난 잘못을 참회하고 불
법에 들어섬으로써 새 생명을 얻었다는 말씀을 전하고 싶어서 길
게 이야기했습니다. 이것이 다시 태어남이 아니고 무엇이겠습니
까? 즉, 우리는 참회를 통해서 늘 새롭게 태어나는 것입니다. 피눈
물 날 정도의 진참회(眞懺悔)일 때, 그것은 진정한 새 생명이 시작되
는 것입니다.

발원,
희망과 긍정의
갑옷을 입다

희망을 품고

긍정적인 사고를 가지고 성실하게 일하는 사람을 보면 기분이 좋습니다. 그 사람의 좋은 에너지가 나에게 전해지는 것 같습니다. 무조건 '안 돼'라는 사고를 가지고 의기소침해 하는 사람을 보면 나도 모르게 침울해지는 경우도 있습니다.

이렇게 긍정적으로 사는 사람들은 대부분 미래에 대한 목표와 희망이 있습니다. 무엇을 하겠다는 목표나, 이렇게 하면 저렇게 될 것이라는 희망으로 자신감 있게 살아갑니다. 어떤 일을 시작할 때 마음을 새롭게 다집니다. 그 새로운 마음가짐이 일을 진행하는 데 큰 힘으로 작용합니다. 그냥 막연히 하는 것보다 목표를 세우고 나아갈 때 긍정적인 힘이 강하게 나타납니다. 그러한 희망과 목표가 있기에 힘든 순간에도 좌절하지 않고 나아갈 수 있습니다.

옛날 중학교 교과서에 실린 단편소설 〈무지개〉가 생각납니다. 소년은 무지개를 잡기 위해 길을 떠납니다. 잡힐 것만 같은 무지개는 걸어간 만큼 멀어져 갑니다. 소년은 포기하지 않고 앞으로 나아갑니다. 가는 도중 많은 소년 소녀를 만납니다. 모두 무지개를 잡으러 떠났다가 포기하고 돌아오는 중이었습니다. 소년은 포기하지 않고 앞으로 갑니다. 결국 소년도 무지개 잡는 것을 포기합니다. 그 순간 소년의 신체에 변화가 생깁니다.

"그런데 이상한 일이었다. 그때에 아직껏 검던 머리가 갑자기 하얗게 세고, 그의 얼굴에는 수없이 많은 주름이 잡혔다."

꿈이 있기에 누가 무엇이라고 하든 앞으로 나아가는 힘이 있었는데 꿈을 버리는 순간 소년은 주름이 잡힌 노인의 모습이 되어버린 것입니다. 희망이 없다는 것, 꿈이 없다는 것은 바로 무의미한 삶으로 죽음과 다를 바 없습니다. 자식만 바라보고 살던 사람이 자식을 잃어버린 순간의 삶이 그렇지 않은가 합니다. 살아도 사는 것 같지 않은 삶. 그러기에 희망은 삶의 긍정적 에너지를 제공합니다.

우리는 다양한 소원을 가지고 신행생활을 합니다. 그 소원이 자신의 복을 구하는 것이든, 남의 복을 기원하는 것이든, 아니면 자신의 마음을 맑게 하는 것이든, 이 세상의 평화를 기원하는 것이든, 그 소원이 무엇이든, 그 소원 때문에 우리는 절을 찾게 되고 부처님께 예를 올립니다. 어떤 경우 제삼자가 보면 개인적이고 사소해 보이는 소원일지라도 당사자에게는 절로 이끄는 강력한 힘이 됩니다.

신행생활에서 긍정의 힘은 믿음을 전제로 한 발원(發願)에서 뿜어져 나옵니다. 발원! 그것은 바로 소망을 가진다는 말입니다. 목표를 세운다는 뜻입니다. 희망과 함께한다는 의미입니다. 이러한 소망과 목표와 희망을 담고 있는 발원은 절로 이끄는 힘이 될 뿐만 아니라 어떠한 시련에도 물러나지 않고 나아갈 수 있게 하는 힘이 됩니다. 물론 그 속에 불보살님이 함께한다는 믿음이 있기 때문에 더욱 힘을 받게 되는지도 모릅니다.

옛 스님들은 발원의 중요성을 다음과 같이 강조합니다.

범부들은 힘이 약해 오랫동안 나쁜 것을 익혔다. 사바세계에 살기 때문에 그 마음에 겁이 많아 처음으로 이 법을 배우면 그만 물러날까 두렵다. 항상 큰 원을 내어 이 행을 지니면 이에 목숨을 마칠 때에는 아무 장애와 괴로움이 없을 것이다. …(중략)… 또 《대장엄론》에서 말하였다.

"부처님 나라에 가는 것은 큰일이므로 혼자 공덕만을 행해서는 성취할 수 없다. 반드시 원력을 필요로 한다. 가령 소가 아무리 힘껏 수레를 끌어도 반드시 부리는 사람의 능력이 있어야 하는 것과 같이, 청정한 불국토에 가는 데에는 서원(誓願)이 끌음으로 말미암아 이루어진다. 또 원력에 의해 복덕이 자라나서 잃지도 않고 무너지지도 않아 항상 그 부처님을 뵙기 때문이다."

《법원주림》

부처님 법 만나기도 어렵지만, 부처님 법을 배우고 실천하여 불과(佛果)를 이룬다는 것은 더더욱 어렵습니다. 사바세계(娑婆世界), 우리 범부가 살고 있는 세상을 그렇게 부릅니다. '사바'는 인도말로 '능히 참아야 된다'는 뜻입니다. 곧 이 땅의 중생들은 여러 가지 번뇌를 참고 나가야 하고, 또 성자들은 여기서 피곤함을 참고 교화를 해야 하므로 이 세상을 사바세계라고 합니다. 다시 말하면 '참지 않고는 살 수 없는 세상'이라는 뜻입니다.

이러한 세상이기에 강력한 힘이 함께하지 않으면 결코 부처님 가르침으로 나아갈 수 없는 곳입니다. 그런데 나를 방어해주는 방패막이가 있다면 자신감 있게 성큼성큼 나아갈 수 있을 것입니다. 이에 서원을 갑옷에 비유하기도 합니다. 전쟁터에 나가는 장수가 갑옷으로 무장하면 두려움 없이 나아갈 수 있듯이 서원이라는 갑옷을 입으면 온갖 장애를 끊고 부처님 법으로 나아갈 수 있다는 것입니다.

부처님께서 말씀하셨다.

도를 닦는 자는 마치 한 사람이 만 사람과 싸우는 것과 같다. 갑옷을 걸치고 싸움터로 나감에 어떤 사람은 미리 겁을 집어먹고, 어떤 사람은 도중에서 물러나고, 어떤 사람은 싸우다 죽지만, 어떤 사람은 마침

내 이기고 돌아오기도 한다.

사문이 도를 배움에 마땅히 그 마음을 굳게 가져서 용맹정진하여 나타나는 경계를 두려워하지 않으면 모든 마구니를 깨뜨리고 깨달음을 얻게 될 것이다.

《사십이장경》

발원하려면 크게 발원하라

어느 분이 말씀하십니다. "발원하려면 크게 발원하라. 쫀쫀한 것 말고 우주보다 더 큰 발원을 하라. 큰 발원을 향해 정진하면 쫀쫀한 것은 그냥 이루어지니, 큰 발원을 향해 그냥 나아가라." 통 큰 마음으로 긍정적으로 살아가라는 말씀입니다.

옛날 작리사에 아라한의 도를 얻은 어떤 장로 비구가 있었다.

그는 한 사미를 데리고 산에서 내려와 장안으로 구경하러 들어가면서, 가사와 발우가 크고 무거워 사미를 시켜 그것을 가지고 뒤를 따라

오게 하였다. 도중에 사미는 생각하였다. '사람이 세상에 나면 괴로움을 받지 않을 수 없다. 이 괴로움을 면하려면 어떤 도를 닦아야 할까.' 다시 이렇게 생각하였다. '부처님은 항상 보살이 훌륭하다고 찬탄하신다. 나도 이제 보살의 마음을 내리라.'

사미가 이렇게 생각하자 스승은 곧 남의 마음을 아는 신통으로 사미의 생각하는 바를 비추어 보고 사미에게 말하였다.

"그 가사와 발우를 이리 가지고 오라."

사미는 가사와 발우를 가져다 스승에게 드렸다. 스승은 사미에게 말하였다.

"네가 앞서 가라."

사미는 앞서 가면서 다시 생각하였다. '보살의 도는 매우 힘들고 괴로운 것이다. 머리를 달라면 머리를 주고, 눈을 달라면 눈을 주어야 한다. 이 일은 극히 어려워 내가 할 수 있는 일이 아니다. 차라리 일찍 아라한이 되어 괴로움을 떠나는 것만 못하다.'

스승은 또 그 생각하는 바를 알고 사미에게 말하였다.

"너는 도로 이 가사와 발우를 가지고 내 뒤를 따라 오라."

이렇게 세 번 되풀이하였다. 사미는 놀라고 이상히 여기면서 무슨 뜻인지 알지 못해 스승 앞에 나아가 합장하고 여쭈었다.

"무슨 뜻입니까?"

스승이 대답하였다.

"네가 보살의 도에 세 번 나아갔기 때문에 나도 세 번 너를 앞에 세웠고, 네 마음이 세 번 물러났기 때문에 나는 너를 뒤에 세웠다. 그렇게 한 까닭은 보살의 마음을 내는 그 공덕은 삼천대천세계 가득하게 아라한을 성취한 것보다 훌륭하기 때문이다."

《잡비유경》

생각 한 번 어떻게 하는가에 따라, 즉 긍정적 사고를 가지느냐 부정적 사고를 가지느냐에 따라 우리의 삶은 하늘과 땅 차이 이상으로 벌어지게 됩니다. 그런데 우리는 감히 그 원대한 발원을 세우기가 쉽지 않습니다. 그 마음 저편에는 중생이라는 생각과 물러나고자 하는 마음이 자리하고 있기 때문입니다. 앞서 '발원을 하려면 크게 발원을 하라' 고 하신 것은 이러한 중생심과 퇴굴심을 극복하게 하고자 하는 말씀인 듯합니다.

재가신도의 경우 재가신도라는 상(相)에 잡혀 쉽사리 공부하려고 마음 내지 않고, 마음을 내더라도 쉽게 물러서거나 또 다른 상을 냅니다. 마음공부라는 것이 물론 만만한 것은 아닙니다. 그러나 특정인만 할 수 있고, 수승한 근기를 가진 사람만이 할 수 있다고 생각하는 것도 중생심, 퇴굴심에 다름 아닙니다. 부처님께서도 결코 우리 불자들이 유루복(有漏福 : 하늘이나 인간에 태어나는 복)을 닦는 재가신도로만 남아 있기를 원하시지 않을 것입니다. 재가신도를 위한 부처님 말씀이 결국 부처님 마음을 보게 하시고자 한 방편이라고 한다면 '우리는 재가신도인데, 이 정도면 되지' 라는 생각을 떨쳐 버려야 하지 않을까 합니다.

그런데 누가 묻습니다. "그렇다면 발원도 욕심이 아닙니까?" 이에 대해 일반적으로 이렇게 정리합니다. 발원은 실천을 전제로 하지만 욕심은 실천 없이 바라기만 하는 것이며, 발원은 다른 이를 중심으로 사고하지만 욕심은 자기를 중심으로 사고하는 것이며, 발원은 과정을 중요시 여기지만 욕심은 결과만 중요시 여긴다고 말합니다. 좋은 말씀입니다.

한편 발원과 욕심에 대해 마음을 분석한 부처님 가르침으로도 살펴볼 수 있습니다. 일단 발원이든 욕심이든 그것은 무엇을 하고

자 하는 마음작용입니다. 하고자 함을 불교 전문용어로 '욕(欲)'이라고 합니다. 욕이란 탐욕(貪慾)이나 욕심(慾心)과는 다른 뜻을 가집니다. 욕은 단지 글자 그대로 하고자 함이기 때문에 착한 마음도, 번뇌의 마음도 아닙니다. 반면 탐욕, 즉 욕심은 번뇌에 속합니다. 이러한 하고자 하는 마음작용〔欲〕이 어리석음〔癡=無明〕과 함께하면 탐욕 또는 애욕으로서 번뇌가 됩니다. 반면, 이러한 어리석음과 함께하지 않고 지혜와 함께하는 하고자 하는 마음작용〔欲〕이라면 바로 발원이 됩니다.

이렇게 보면 발원과 욕심은 동전의 양면과도 같습니다. 특히 우리의 삶 저변에는 어리석음인 무명이 흐르고 있다는 경전 말씀에 의거한다면, 현재 '하고자 하는 마음'은 그것이 발원이라 할지라도 따지고 보면 바로 욕심에 가깝습니다. 따라서 앞에서 발원과 욕심의 차이점을 실천, 이타(利他), 과정 등으로 이야기한 것은 불보살님께 맹세하고 바라는 마음이 욕심이 아닌 발원으로 자리 잡게 하고자 하는 가르침으로 전해집니다. 실천이 없다면, 다른 이를 살펴보지 않는다면, 결과에만 연연한다면, 불보살 전에 발원하였다 할지라도 그것은 발원이 아니라 욕심입니다.

포기 없는 정진, 서원의 힘

부처님 가르침을 배우고 실천하는 부처님 제자로서 살아간다는 것은 참으로 행복한 일입니다. 그러나 365일 하루하루 모든 일이 행복한 것만은 아닙니다. 가끔 이 순간 이 자리에서 자신을 돌아보고 지금 이 모습이 자신의 참다운 모습인지, 올바르게 가고 있는지, 생각에 잠길 때도 있습니다. 어떤 때는 만족감에 기쁨이 일어날 때도 있고 어떤 때는 왠지 모르는 불안감에 회한이 일어날 때도 있습니다.

온 정성을 다하여 경전 공부를 하거나 기도를 하거나 참선 수행을 할 경우, 특히 전문적으로 부처님 가르침을 배우고자 정진할 경우, 이런저런 갈등의 시간을 가질 때가 있습니다. 부처님 공부를 한다는 것이 너무도 힘들고 또 그렇게 멀어 보여, 지금 이렇게 수행(기도, 참선, 경전 공부)하고 있는 것이 최선인가, 아니면 다른 어떤 일을 통하여 불교에 대한 애정을 가지는 것이 나은 것인가? 열심히 정진한 만큼 꽤나 심각하게 고민할 수도 있습니다. 더욱이 다른 일이 눈앞에 놓여 있다면 더욱 그런 갈등에 휩싸이게 됩니다. 부처님의 제자 소오나 비구가 그런 경우입니다.

부처님이 라자가하의 죽림정사에 계실 때였다. 소오나 비구는 영축산에서 쉬지 않고 선정을 닦다가 이렇게 생각했다.

'부처님의 제자로서 정진하는 성문 중에 나도 들어간다. 그런데 나는 아직도 번뇌를 다하지 못했다. 애를 써도 이루지 못할 바에야 차라리 집에 돌아가 보시를 행하면서 복을 짓는 것이 낫지 않을까?'

부처님은 소오나의 마음을 살펴 아시고 한 비구를 시켜 그를 불러오도록 하셨다. 부처님은 소오나에게 말씀하셨다.

"소오나, 너는 세속에 있을 때에 거문고를 잘 탔었다지?"

"네, 그랬습니다."

"네가 거문고를 탈 때 만약 그 줄을 너무 조이면 어떻더냐?"

"소리가 잘 나지 않습니다."

"줄을 너무 늦추었을 때는 어떻더냐?"

"그때도 잘 나지 않습니다. 줄을 너무 늦추거나 조이지 않고 알맞게 잘 조절하여야 맑고 미묘한 소리가 납니다."

부처님은 소오나를 기특하게 여기면서 말씀하셨다.

"그렇다. 너의 공부도 그와 같다. 정진을 할 때 너무 조급히 하면 들뜨게 되고 너무 느리면 게으르게 된다. 그러므로 알맞게 하여 집착하지도 말고 방일하지도 말라."

소오나는 이때부터 항상 부처님께서 말씀하신 거문고를 타는 비유를 생각하면서 정진하여 오래지 않아 아라한이 되었다.

《잡아함경》

이 경은 일반적으로 〈거문고의 비유〉라고 알려진 부처님 말씀입니다. 그리고 '중도의 가르침' 하면 인용하는 유명한 경전입니다. 그러나 여기서는 중도의 가르침 이전에 소오나 비구의 갈등에 초점을 맞춰보고자 합니다.

소오나 비구(한문으로 '二十億耳')는 속가에 재산이 많은 사람이었습니다. 그런 소오나 비구가 정진을 해도 별 진전이 없으니, '내 그릇이 이것 밖에 안 되는구나. 차라리 많은 재산으로 보시하여 복을 짓는 게 낫겠다' 생각한 것입니다. 마음공부라는 것은 한 만큼 당장 눈앞에 보이는 것이 아닙니다. 더욱이 남과 비교하여 남들은 모두 깨달음을 이루었고 자신은 그렇지 않으니, 스스로 초라하다고 생각하였을 것입니다. 그러니 마음은 조급해질 수밖에 없고, 다른 방도를 찾게 되는 것이 어쩌면 인지상정(人之常情). 만약 이러한 소오나 비구가 부처님의 자비를 받지 못했다면 어떻게 되었을까요? 아마 유루복을 지어 하늘에 태어났는지는 모르지만 돌고 도는 윤회의 수레바퀴에서 벗어나지는 못했을 것입니다.

부처님 가르침을 배운다는 것은 쉬운 일이 아닙니다. 저축 통장처럼 눈에 보이는 것이라면 하루하루 쌓이는 재미로 살아가지만, 마음공부라는 것은 어디에도 그 흔적이 보이지 않고, 어떤 경우에는 오히려 퇴보한다는 생각까지 들게 되니 말입니다. 처음에는 열정이라도 있었지만 시간이 갈수록 뜻대로 되지 않으니 많은 생각이 일어납니다. '이렇게 하느니 차라리……' 하는 갈등이라는 놈이 머리를 내밉니다.

힘든 공부, 힘들 때마다 처음 시작했을 때 자신의 모습을 돌이켜 볼 필요가 있습니다. 왜 내가 이 길을 택하게 되었는지, 가장 순수하고 열정적일 때의 마음을 말입니다. 그 마음이 바로 발심(發心)의 동기, 올곧은 서원입니다. 그래서 전쟁에 나가는 사람이 갑옷을 걸치듯이 부처님 제자라면 서원의 갑옷이 필요하다고 합니다.

　법회 마지막에 올리는 사홍서원, 그것은 단순한 법회의례가 아닙니다. 서원을 되새기며 굳게 만드는 과정입니다. 마음속에 굳게 간직한 서원은 부처님 가르침으로 나아가게 하는 큰 힘이 됩니다. 그리고 불보살님께 '무엇을 해주십시오' 라는 바람은 어느덧 '무엇을 하겠습니다, 무엇이 되겠습니다' 는 맹세로 바뀌어 마음속에 담기게 됩니다. 그 맹세가 갑옷이 되어, 우리는 자신감으로 한 걸음 크게 내딛습니다.

신통, 신비에 멈추면
그것도 도의 장애

신통은 매력 덩어리? 마장 덩어리?

세상 사람들은 일상생활과 다른 특이한 현상에 대해서 많은 호기심을 보입니다. 다른 사람의 마음을 읽거나, 미래에 대해 미리 알아내는 능력이 있는 사람을 접하게 되면 반신반의하면서도 마음을 주게 됩니다. 그리고 때아닌 때에 꽃이 핀다거나 그럴만한 조건이 아닌데도 특이한 자연현상이 일어나는 경우, 어떤 일을 그것과 연결시켜 신비스러움을 부각시킵니다. 어쩌면 그것은 그것이고 이것은 이것인지도 모르는데 말입니다.

그리고 자신은 꽤나 이성적이고 논리적이고 과학적이라고 자부하는 사람조차도 신비한 현상을 보게 되면 판단력을 잃어버리는 경우도 있습니다. 아니 오히려 자신이 자부하던 이성, 논리, 과학이라는 것으로도 헤아릴 수 없는 일을 경험했기에 더욱더 신비스러움에 빠져들기도 합니다.

사실만을 쫓아다니던 기자가 무속인을 취재할 기회가 있었답니다. 취재를 마치고 돌아갈 무렵 무속인이 "차비가 없는 것 같아 주는 것이니 받아두세요"하면서 돈을 건네주더라는 것입니다. '차비가 없어 보인다니, 그게 무슨 소리냐' 생각하면서 무심결에 자기 주머니에 손을 넣어보니 당연히 있어야 할 지갑이 없었다는 것입니다. 그냥 우연의 일치거니 치부할 수도 있지만, 취재 중에 보았던 신비한 일들도 있고 해서, 믿어지지 않는 일이 자신에게 일어나 어안이 벙벙하였다고 합니다.

또 평소 팔자 풀이를 부정적으로 보았던 사람이 여행길에 숙소에서 재미 삼아 동행에게 자신의 팔자를 뽑아보게 하였습니다. 그런데 과거를 거의 맞추고 미래까지 알려주었다고 합니다. '과거가 그렇게 맞으니 미래도 당연히 맞을 것인데', '이렇게 살아도 그렇고, 저렇게 살아도 그럴텐데' 등등 온갖 생각이 들었다고 합니다. 그날 밤 이후부터 며칠 동안 '그러면 인간의 삶이 뭐지?' 등등 혼

동과 알 수 없는 신비감 속에 마음이 붕 뜬 상태의 연속이었다고 합니다. 물론 그 뒤 미래가 비슷하게 맞는 것도 있고 틀린 것도 있고, 전반적으로 신통하지는 않았다고 합니다.

21세기에 그런 것을 어떻게 믿을 수 있겠어? 하는 분들도 있지만, 결코 그러한 일이 없는 것은 아닙니다. 특히 믿을 수 없다고 보기에 신통이라는 놈은 참으로 매력 덩어리입니다. 신비한 것을 경험하였다면 자신은 다른 사람보다 특별하다는 생각을 할 수도 있고, 더구나 자신이 그러한 능력이 있다면 자신을 나타낼 수 있는 좋은 방편이 되기 때문입니다. 만약 신통이 마음 수행이나 종교 활동 등에서 나타난다면 그 매력은 더욱 빛을 발휘합니다. 한마디로 다른 사람들을 휘어잡을 수 있다는 것입니다.

마음공부하는 사람들에게 우스갯소리가 있습니다. '마음공부를 하는 사람 가운데 두 종류가 있다. 하나는 도과(道科)이고 하나는 신과(神科)이다'. 여기서 도과라는 것은 마음공부의 본래 목적에 중심을 두고 수행하는 이를 말합니다. 불교의 경우에는 '열반(평온)과 보리(깨달음)'를 향해 나아가며 옆길에는 그다지 마음 두지 않는 이를 말합니다. 신과라는 것은, 수행 과정 중에 일어나는 신비한 현상에 관심을 두거나 그러한 능력을 키우고자 하는 이를 말합니다. 이들 역시 '열반이나 보리' 등을 위해 마음 수행을 한다고는 하지만 그들의 이야기나 생활을 보면 신비에 대한 것이 중심을 이룹니다. 그리고 그러한 신통을 드러내고자 하는 경향이 있습니다.

일찍이 들었다. 어느 한 거사가 외도의 법을 믿으면서 이계친자(離繫親子)와 그를 따르는 무리들을 청하여 그의 집으로 와서 음식을 공양하게 되었다. 이계친자가 마침 그의 집으로 들어서자마자 곧 미소를 지었다. 거사는 괴이하게 여기면서 물었다.

"대사께서는 들뜸(掉擧)이 없으신데 어째서 웃으십니까?"

그는 대답하였다.

"나에게는 미묘한 덕이 있소. 그대는 재가자이니 어찌 모든 것을 안다 하겠소?"

이에 거사가 은근히 그것을 묻자 그는 곧 말하였다.

"나말타 강가에서 두 마리의 원숭이가 함께 싸우다가 다 같이 그 강물에 떨어져서 물에 떠내려가고 있소. 나는 그 일 때문에 가엾이 여기면서 웃는 것이오."

거사는 찬탄하면서 말하였다.

"매우 희유(希有)하십니다. 대사의 천안(天眼)이 청정함이 그러하시군요."

밥 때가 되어 거사는 생각하였다.

'내가 음식으로써 그의 허실(虛實)을 시험해 보리라.'

그리고는 곧 밥으로 고깃국 위를 덮어서 먼저 그 스승에게 주고는 고깃국을 밥에다 말아서 그 제자들에게 주었다.

그때 제자들은 받고 나서 곧 먹었으나 그 스승만이 혼자 먹지 않고 있으므로 거사가 물었다.

"대사께서는 무슨 연유로 혼자만이 드시지 않으십니까?"

그는 말하였다.

"고깃국이 없는데 어떻게 먹는단 말이오?"

거사는 조롱하듯 말하였다.

"기이하십니다. 천안이란 먼 것은 보면서도 가까운 것은 볼 수 없는 것이군요."

그러자 외도의 스승과 제자들은 몹시 부끄러워하였다.

《대비바사론》

신통이라는 것이 신과에게만 나타나는 것이 아니라 도과에게도 나타나고, 그러한 신통이 수행 단계에서 드러나는 성과물이라고 여기기에 우리는 그 신통에 눈길을 많이 줍니다. 그런 것을 결코 경험할 수 없다면 그냥 무시해버리겠는데, 이 세상에서 유사한 것들을 이렇게 저렇게 경험하게 되고, 성전(聖典)에서도 신통이나 기적에 대해 주의를 주시기는 하지만 성인께서 신통이나 기적을 보이시니, 초심자에게는 신통이 뛰어난 분의 능력이라 여기게 되고 그들을 찾아가게 되는 것은 어쩌면 당연한 일인지도 모릅니다. 아니 초심자뿐만 아니라 몇 년씩 마음공부를 하신 분들도 그것에 혹하여 빠져드는 경우도 허다하니 말입니다.

그러나 그러한 매력 덩어리인 신통은 결코 수행으로 나아가는 데 도움이 되지 않습니다. 앞서 언급한 이야기처럼 '먼 것을 듣고 먼 것을 보고 먼 일을 기억할 수 있다'고 하여도 다른 이로 하여금 곧 믿어 굴복시키지는 못하는데 어떻게 바른 법에 들게 할 수 있겠습니까? 설사 신통을 통해 자신을 믿게 하였다 하더라도 바른 길로 나아가게 하는 가르침이 없다면 무슨 소용이 있겠습니까? 이러한 신통은 자신도 버리고 상대방도 눈멀게 하는 마장(魔障) 덩어리가 됩니다.

무엇보다도 신통은 자신의 길을 방해합니다. 앞서 신과니 도과니 하는 우스갯소리도 그런 측면에서 회자되는 이야기입니다. 궁극적으로 가야할 길은 열반과 보리인데, 그 과정에 신통이라는 것이 나타나 그것에 마음을 두고 더 나아가지 못한다면 그것은 매력 덩어리가 아니라 마장 덩어리입니다. 그리고 자신만 속으면 그나마 다행인데, 다른 사람까지 미혹하게 만드니 더 문제입니다. 왜냐하면 수행하시는 분이 그런 능력까지 갖추었으니, 아둔한 중생에게는 세상에 하나뿐인 그분이 되기 때문입니다.

따라서 우리에게 필요한 것은 신통이 아니라, 바라문의 신통을 시험하는 거사처럼 눈앞에 보이는 신통에 마음을 빼앗기지 않는 현명한 판단과 이해가 아닐까 합니다.

불교 경전에서도 여섯 가지 신통을 이야기하고 있습니다. 자유로이 원하는 곳에 나타날 수 있는 능력이나 마음대로 모습을 바꿀 수 있는 능력인 신족통(神足通), 미래의 상태를 간파할 수 있는 능력이나 멀거나 가깝거나 상관없이 세상을 살필 수 있는 능력인 천안통(天眼通), 보통 사람이 듣지 못하는 미세한 소리를 듣는 능력인 천이통(天耳通), 다른 이의 마음을 간파하는 능력인 타심통(他心通), 과거를 아는 능력인 숙명통(宿命通), 번뇌를 제거하는 능력인 누진통(漏盡通)을 언급하고 있습니다. 이를 육신통(六神通)이라고 합니다.

이처럼 분명히 경전에서 신통을 언급하고 있지만, 부처님께서는 제자들에게 신통 사용에 대해 늘 경계하셨습니다. 신통제일인 부처님의 제자 목건련존자도 함부로 신통을 나타내지 않았습니다. 목건련존자는 자기 눈에만 보이는 여러 부류의 아귀들을 보면, 함부로 다른 이에게 말하지 않고 꼭 부처님께 그 중생의 업보를 묻고 부처님 말씀에 귀기울였습니다. 신통은 진리로 나아가는 것이 아니기 때문입니다.

한 장자의 아들 견고는 부처님께 여쭈었다.

"훌륭하십니다. 세존이시여. 만일 바라문이나 장자의 아들이나 거사들이 오거든 그들을 위해 신통 변화〔神足〕와 뛰어난 법을 보이라고 제자들에게 명령하소서."

부처님께서 말씀하셨다.

"나는 끝내 모든 비구들에게 바라문이나 장자나 거사를 위해 신통 변화와 뛰어난 법을 보이라고 가르치지는 않는다. 나는 다만 제자들에게 조용한 곳에 있으면서 고요히 도(道)를 생각하고, 만약 공덕이 있으면 마땅히 그것을 스스로 숨기고, 만일 잘못이 있으면 그것을 스스로 드러내라고 가르칠 뿐이다."

《장아함경》

이처럼 제자들에게 신통을 보이라고 명령하시지 않는 이유는, 신통이라는 것이 굳이 부처님 교단에서만 일어나는 것이 아니기에 믿음이 없는 자에게는 오히려 오해의 소지가 있기 때문이라고 말씀하십니다. 신통을 보고 믿는 자는 자랑스럽게 이야기하겠지만, 믿지 않는 자는 '그것이 뭐 대단한 것이냐, 다른 이도 그런 능력이 있다' 할 것이니, 믿는 자의 마음을 아프게 하거나 가르침을 훼손하게 되는 경우도 있기 때문입니다. 신통을 보이는 것이 부처님의 가르침은 아니라는 것을 알 수 있습니다.

앞서 언급한 육신통 가운데 누진통을 제외한 나머지 신통은 부처님이 아니더라도 가질 수 있는 신통이지만, 누진통은 부처님 또는 부처님에 버금가는 보살만이 가질 수 있다고 합니다. 누진통은 번뇌를 다 없애고 생사의 굴레를 벗어남을 말합니다. 불교에서 말하는 신통이란 누진통에 방점을 찍어야 합니다. 부처님 또는 부처님에 버금가는 보살만이 가질 수 있는 신통이 누진통이라는 설명에서 결국 부처님 가르침이 무엇을 향하고 있는지 알 수 있습니다.

어느 날 비구들은 식당에 모여 전생 이야기를 하고 있었다. 부처님께서 선정에 들었다가 천이(天耳)로써 비구들의 이야기를 들으셨다. 곧 식당으로 가서 대중들에게 물으셨다.

"그대들은 무슨 이야기를 하고 있는가?"

그때 비구들은 앞서 이야기한 것을 말씀드렸다. 부처님께서 말씀하셨다.

"그대 비구들이여, 전생에 한 일을 말하지 말라. 왜냐하면 그것은 이치에 도움이 되지 않으며, 법에 도움이 되지 않으며, 범행(梵行)에 도움이 되지 않으며, 지혜로운 일도 아니고, 바른 깨달음도 아니어서 열반으로 향하지도 않기 때문이다."

《잡아함경》

이처럼 부처님께서는 신통이란 이치에도 가르침에도 범행에도 지혜로운 삶에도 바른 깨달음에도 열반에도 도움이 되지 않는다고 거듭 강조합니다. 왜냐하면 그만큼 신통이 매력 덩어리이면서 마장 덩어리이기 때문입니다. 그렇다고 부처님이 전적으로 신통을 거부하신 것은 아닙니다. 부처님께서 녹야원에서 처음 법을 설하시고 난 뒤 왕사성으로 걸음하실 때 불(火)을 숭배하는 가섭 삼형제를 여러 가지 신통과 가르침으로 교화합니다. 그리고 믿음과 관련하여 신통을 나타내신 유명한 일화가 있습니다.

옛날 사위국 성의 동남쪽에는 깊고 넓은 강이 있었다. 그 강가에는 오백여 채의 집이 있었다. 그런데 그 강가에 사는 사람들은 힘센 것을 선망하며 방탕한 생활을 하였다. 부처님께서 그들을 위해 설법하셨으나 그들은 믿지 않았다.

그래서 부처님께서 신통력으로 사람을 만들어 강의 남쪽으로부터 물 위로 걸어오게 하셨다. 겨우 복숭아 뼈가 물에 잠길 뿐이었다. 그 사람은 부처님 앞에 예배하였다. 그 모습을 보고 놀란 사람들이 물었다.

"우리는 옛날부터 여기에 살았지만 물 위로 걸어서 강을 건넌 사람은 보지 못했소. 그대는 어떤 술법이 있기에 물 위로 걸을 수 있소?"

"나는 강 남쪽에 사는 그저 어리석고 고지식한 사람이오. 부처님께서 여기 계시면서 도덕을 좋아한다는 말을 듣고 남쪽 강가로 갔으나 건널 수가 없었소. 그래서 강가의 사람들에게 강 어디가 깊고 얕은지 물었더니, 복숭아 뼈 정도밖에 되지는 않는다고 하였소. 그 말을 믿고 그대로 강을 건넜을 뿐 다른 술법이 있는 것은 아니오."

그때 부처님께서 그를 칭찬하셨다.

"훌륭하고 훌륭하다. 대개 믿음과 정성만 가졌다면 생사의 깊은 강도 건널 수 있거늘 몇 리의 강을 건너는 것이 뭐 그리 신기하겠는가?"

《법구비유경》

　부처님께서 신통을 보여주신 것도 우리로 하여금 생사의 강을 건너게 하고자 방편을 쓰신 것입니다. 이러한 방편에는 언제나 지혜가 동반되어야 합니다. 그래서 부처님을 양족존(兩足尊)이라고 하시는 것이 아닙니까? 지혜와 방편, 이 두 가지를 갖추셨기에 지혜로써 신통이라는 방편을 자유자재로 적재적소에 사용하시는 것입니다. 그러나 아둔한 중생은 방편을 방편으로 보지 않고 더구나 보여진 신통에 집착해버리는 우를 범하게 됩니다. 비록 처음에는 방편으로 사용한다고는 하지만 마침내 그것이 목적이 되어버립니다. 가령 처음에는 방편으로 상대방의 미래를 말해주지만 어느덧 많은 사람이 찾아오자 자신도 그 재미에 빠집니다. 급기야 그것이 목적이 되어 대중에 대한 자비심은 어디 가고, 찾아오는 사람을 사람으로 보지 않고 돈으로 보게 됩니다.

결정된 운명은 없다

신통 가운데 우리와 밀접한 것은 아마 과거와 미래를 아는 것이 아닌가 합니다. 우리 주위에는 많은 사람들이 운명에 대하여 관심을 가지고 있습니다. 개인의 행복을 위해서, 가정의 행복을 위해서, 혹은 사회와 나라에 대한 관심 때문에 여기저기에서 운세를 알아보며 미래를 점치기도 합니다. 사소한 개인적인 문제뿐만 아니라 나라가 혼란할 때에는 나라의 운세까지 미리 알아보고자 합니다.

미래가 궁금한 것은 아마 현재가 불안하기 때문일 것입니다. 너무도 현재가 불안하여 지푸라기라도 잡는 심정으로 그것에 매달리는 사람도 있을 것이고, 그것을 절대적으로 믿어 매사에 그것에 의지하는 사람도 있을 것입니다. 습관처럼, 재미 삼아 찾아가는 사람도 있을 것입니다. 어느 철학 교수는 IT강국인 대한민국에 이처럼 많은 역술가가 있다는 것이 이해가 되지 않는다고 성토합니다.

그런데 잠깐 생각해보면 역술가를 찾아간다는 것 자체가 결정된 운명을 믿지 않는다는 역설이 담겨 있습니다. 만약 운명이 결정되어 있다면 역술가를 찾아가든 찾아가지 않든 결정된 대로 진행될 것이기 때문입니다. 역술가를 찾아간다는 것은 이미 '미래를 바꿀 수 있다', 즉 '결정된 운명은 없다' 는 것을 전제로 합니다. 어떤 이는 말합니다. "미래를 미리 알고 그것에 대비하기 위해 미래를 알고자 한다." 이것 역시 만약 그 일이 일어날 것인데 미리 대비하여 그 일을 피했다고 한다면 그 미래는 결정된 것이 아니라는 이야기가 됩니다. 물론 이렇게 머리 복잡하게 생각하지는 않습니다. 이런저런 이유로 미래를 알고 싶어하고, 일단 미래 이야기를 듣는 순간 우리는 그것에 매입니다. 보더라도 그것에 얽매이지는 않는다고 하지만 심심풀이로 본다는 사람조차도 일이 터지면 그것과 연결시키게 됩니다. 늘 마음 한구석에 자리 잡고 있습니다.

경전을 보면 과거의 행위에 따라 현재에 받는 과보를 말씀하시고, 현재의 행위에 따라 미래에 받게 되는 과보를 말씀하시는 대목이 종종 나옵니다. 과거의 이야기가 나오고 현재의 이야기가 나오고 미래의 이야기가 나옵니다. 그러나 이러한 내용을 어떤 행위에 의하여 어떤 행위가 반드시 일어날 수밖에 없는 필연적인 것으로 받아들인다면 문제가 있습니다.

옛날 조그마한 나라가 있었다. 그 나라의 한 도성에서 멀리 떨어지지 않은 곳에 좋은 숲이 있었다. 그곳에는 다섯 명의 도사가 그 안에서 도를 닦고 있었다. 그중 한 비구는 여섯 가지 신통력〔六神通〕을 얻었으며 나이 여덟 살이 되는 한 사미와 함께 있었다.

어느 날 그 스승은 사미의 수명이 칠 일밖에 남아 있지 않음을 알고 다음과 같이 생각하였다.

'만일 여기 있다 죽으면 그의 부모는 틀림없이 나에게, 제대로 돌보지 않아서 그를 죽게 했다 하면서 원한을 품을 것이다.'

그래서 사미에게 말했다.

"너의 부모가 늘 너를 생각하고 계실 것이다. 너는 집으로 돌아가서 뵙고 여드레가 되는 날 아침에 돌아오너라."

사미는 기뻐하면서 머리를 조아려 예를 올리고 떠났다. 사미는 길을 가는 도중 큰비를 만났다. 빗물이 길바닥까지 괴면서 세차게 흘러내렸다. 그때 마침 땅에 개미구멍이 있었는데, 빗물이 개미구멍으로 들어가려고 하였다. 사미는 다음과 같이 생각하였다.

'나는 부처님의 제자이다. 첫째는 인자한 마음이요, 둘째는 중생을 살려내는 것이다'

이에 사미는 흙으로 막고 물을 터서 다른 곳으로 흘러가게 한 후 집으로 돌아갔다. 그리고 별다른 일이 없이 잘 지내다가 8일째 되는 날 아침에 스승에게 돌아갔다. 스승이 멀리서 그를 보고 그 까닭을 이상하게 여겼다.

'칠 일만에 죽었어야 할 아이인데 이게 무슨 일일까? 귀신이 되어 오는 것은 아닐까?'

이에 스승은 곧 삼매에 들어가서 살펴보았다. 그리고 사미가 개미를 구제했기 때문에 현세에서 목숨을 늘리게 되었음을 알게 되었다.

《경율이상》

그 스승이 보기에 그 사미는 틀림없이 칠 일 안에 죽게 되는 운명이었습니다. 그러나 무심코 행한 사미의 선한 행위는 자신의 운명을 새로운 방향으로 나아가게 하였습니다. 이처럼 우리의 운명은 결정된 것이 아니고 새로운 행위[業]에 의해 영향을 받습니다.

우리의 운명이 결정된 것이라면 우리는 정진할 필요도 없고 참회할 필요도 없을 것입니다. 어떻게 하더라도 어떤 행동에 대한 결과는 반드시 그렇게 될 것이고 나의 자유의지와 상관없기 때문입니다.

《반야경》등 경전에서는 미래를 점치지 말라고 합니다. 미래를 알면 미래에 매이기 때문에 이로 인해 닫혀버리는 삶을 경계하고자 하기 때문입니다. 불교는 닫힌 삶을 이야기하지 않습니다. 걸림 없이 열린 삶을 이야기합니다. 미래를 누구에게 들었다면 우리는 그 미래에 갇히게 됩니다. 정도가 심한 사람은 모든 생활을 그것을 중심으로 살아갈 것이며, 정도가 약한 사람일지라도 마음 한 구석에 간직해 두었다가 결정적인 순간에 '그러면 그렇지' 하며 점점 그 강도는 심해질지도 모릅니다. 자신의 미래를 다른 사람의 말에 맡겨둔다는 것은 참으로 우스운 일이 아닌가 합니다. 한 나라의 대통령도 누가 되는지 제대로 맞추지 못하는데 수많은 사건으로 이어지는 한 사람의 삶을 어떻게 미리 다 알 수 있겠습니까?

물론 과거 전생의 행위에 의하여 우리는 이런 모습을 가지고 태어났을 것입니다. 그러나 과거의 그 행위에 지금의 이 행위가 어우러져 미래는 새로운 행위로 이어지는 것입니다. 가령 씨앗에서 반드시 싹이 나는 것은 아닌 것처럼 지난 업의 씨앗이 지금 행위에 의해 그 싹이 약할 수도 또는 강할 수도 있고, 아니면 아예 씨앗 그대로 썩어 없어질지도 모르는 것입니다. 그리고 지금 새로운 행위에 의해 새로운 업의 씨앗이 미래를 기다리며 간직될 수도 있습니다. 내일을 알고자 하면 오늘 자신의 모습을 살펴보면 됩니다.

코카콜라 전 CEO인 더글라스 대프트(Douglas N. Daft)의 명언이 떠오릅니다.

"과거는 역사(history)이고 미래는 미스테리(mystery)이며 오늘은 우리에게 주어진 선물(present)이기에 현재(present)라고 합니다."

선지식, 올바른 가르침을 찾아서

선지식은 수행의 전부

어느 스님께서 말씀하셨습니다.

"이 세상 사람 중에 가장 복된 사람은 삼도가 함께하는 사람이다. 삼도란 무엇인가? 첫째 올바른 가르침 속에 수행할 수 있는 도량(道場)이다. 둘째 올바른 가르침 아래 함께 길을 가는 도반(道伴)이다. 셋째 올바른 가르침으로 이끌어 주는 도사(導師)이다. 이 세 가지를 갖춘 사람은 복되고도 복된 사람이다. 복을 구하고자 한다면 이러한 세 가지 도를 갖출 수 있는 복을 구하도록 하라."

도량, 도반, 도사 이 삼도는 드러난 모습으로만 보면 세 가지이지만, 그 바탕에는 '올바른 가르침' 하나로 귀결됩니다. 올바른 가르침 속에 수행할 수 있는 도량, 올바른 가르침 아래 함께 길을 가는 도반, 올바른 가르침으로 이끌어 주는 도사라고 하였으니, 그 바탕은 바로 올바른 가르침입니다. 그런데 그 가르침은 결국 사람을 통해서 드러납니다. 이에 올바른 가르침을 전해주는 이를 선지식(善知識)이라고 합니다. 참된 스승이라는 뜻입니다.

선지식이라 함은 선한 법이 있기 때문이다. 무엇을 선한 법이라 하는가. 짓는 일이 스스로 즐겁기를 구하지 아니하고, 항상 중생을 위하여 안락을 구하며, 다른 이의 허물을 보고도 단점을 말하지 않고 입으로는 선한 말만 하니, 이런 뜻으로 선지식이라 하느니라. 허공에 있는 달이 초하룻날부터 보름날까지는 점점 자라듯이 선지식도 이와 같아서 배우는 일에서 나쁜 법은 멀리하고 선한 법은 자라게 하느니라. 선지식을 가까이하는 이는 본래 계행과 선정과 지혜와 해탈과 해탈의 지견이 없었더라도 문득 있게 되며 갖추지 못한 이는 갖추게 된다. 왜나하면 선지식을 가까이한 까닭이며, 가까이함으로 인해 12부 경전의 깊고 묘한 이치를 알게 되기 때문이다.

《대반열반경》

이처럼 선지식, 올바른 스승은 마음공부를 함에 있어서 참으로 중요합니다. 스승이 어떻게 길을 안내해주는가에 따라 결과는 하늘과 땅 차이입니다. 따라서 참된 스승과 함께한다는 것은 보통 복이 아닙니다. 경전에서는 아예 선지식을 가까이하는 이는 본래 지혜 등이 없더라도 문득 지혜가 있게 된다고 하였습니다. 그리고 부처님은 선지식은 수행의 전부라고 하십니다.

아난이 세존께 여쭈었다.

"세존이시여, 우리들이 한곳에서 선정에 들어 이렇게 생각하였습니다. '범행의 절반은 이른바 선지식·착한 벗·착한 일을 따르는 것이요, 악지식·나쁜 벗·나쁜 일을 따르는 것이 아니다.'"

세존께서 말씀하셨다.

"범행의 절반이라고 말하지 말라. 왜냐하면, 순수하고 원만하며 깨끗하고 맑은 범행은 이른바 선지식·착한 벗·착한 일을 따르는 것이요, 악지식·나쁜 벗·나쁜 일을 따르는 것이 아니기 때문이다. …(후략)…"

《잡아함경》

이처럼 선지식을 따르는 것이 성스러운 수행의 절반이라는 말에, 부처님께서는 절반이 아니라 수행의 전부라는 의미로 말씀하십니다. 바꿔 말하면 선지식을 만나기란 참으로 힘들다는 뜻이기도 합니다. 그러니 삼도를 갖춘 이는 복되고 복될 수밖에 없습니다. 그러나 어리석은 중생은 훌륭한 스승이 옆에 있어도 그 스승을 알아볼 능력이 없습니다. 이 때문에 마음공부를 하는 데 많은 문제가 일어나기도 합니다.

어느 불교학자의 이야기입니다. 그는 매일같이 일찍 도서관에 가서 늦게까지 공부했습니다. 그런 만큼 불교에 대해서는 어느 누구 못지않게 많이 알고, 그 뜻도 나름대로 파악하고 있다고 자부했습니다. 어느 날 선배가 후배를 사랑하는 마음에 자신이 공부한 불교를 전해주었습니다. 그런데 그는 자신이 이해한 교리와 달라 선배의 말을 받아들이지 않았습니다. 그 이후에도 선배는 계속해서 이야기를 해주었지만, 선배의 말을 귀담아듣지 않았습니다. 몇 년이 지난 뒤 그는 어떤 계기로 지식만 쌓았을 뿐 교리의 참된 맛을 모른다는 생각에 좌절감을 느꼈습니다. 그 좌절감 속에 우연히 그 옛날 선배가 던져준 글을 보게 되었습니다. 글을 보는 순간 만감이 교차하였습니다. 긴 세월 동안 풀리지 않던 실마리가 그곳에 있었기 때문입니다. 예전에 진작 선배 말을 받아들이지 못한 것에 후회도 있었지만, 지금 그 뜻을 알게된 것만으로 다행이라는 기쁨에 선배에게 감사의 전화를 드렸습니다.

선지식을 알아보지 못하는 것은 그나마 다행입니다. 문제는 악지식을 선지식으로 아는 것입니다. 그러나 올바른 판단은 쉽지 않습니다. 그런 눈이 있을 정도면 벌써 한 경지는 올라갔다고 말하기도 합니다. 그런데 굳이 '한 경지' 라고 한다면 그 '한 경지' 란 자신을 내려놓는 것입니다. 잘못 판단하는 여러 경우가 있겠지만, 저의 경험을 비추어보면 크게 두 가지가 있습니다. 하나는 자신이 너무도 아는 것이 많아 스승을 알아보지 못하는 경우입니다. 앞에 언급한 학자의 경우가 그렇습니다. 또 하나는 자신의 욕심 때문입니다. 그것이 신비와 관련된 기복적인 욕심이든 가르침에 대한 욕심이든, 욕심이 있으면 악지식의 그릇된 말에 혹하게 되고 선지식을 멀리하게 됩니다.

자신을 버리면 모두가 스승

참된 스승이 수행의 전부라고 하는 말은 그만큼 참된 스승을 만나기 힘들다는 뜻입니다. 그리고 그 스승이 참된 스승인지 아닌지 판단하기도 힘듭니다. 그래서 나름대로 여러 가지 판단 기준을 마련합니다. 신비를 기준으로 삼는 사람은 스승과 관련하여 어떤 신비로운 현상이 일어났는가에 따라 판단을 합니다. 또는 스승 주위에 어떤 사람이 모여 있는가를 통해 판단합니다. 또는 주위 사람이 스승에 대해 평가하는 것을 통해 판단합니다. 스승에 대해 평가하는 사람이 공신력이 있는 사람인 경우 더욱 그렇습니다. 그러니 자연히 스승에 대한 판단은 겉으로 드러난 모습으로 할 수밖에 없습니다.

그러나 드러난 모습이 다 그 사람을 나타내는 것이 아니기에 조심스럽습니다. 《금강경》에는 바깥 모습﹝三十二相﹞을 통해 여래를 본다고 한다면 32상이 있는 전륜성왕도 여래가 되니 바깥 모습으로 판단할 수 없음을 강조합니다. 그리고 게송이 이어집니다.

형색으로 나를 보거나 〔若以色見我〕

음성으로 나를 찾으면 〔以音聲求我〕

삿된 길 걸을 뿐 〔是人行邪道〕

여래 볼 수 없으리 〔不能見如來〕

《금강경》

　중생의 입장에서 스승을 알 수 있는 방법이 겨우 겉모습인데, 이것도 아니라고 합니다. 그러면서도 계속 선지식을 강조합니다. 마치 몸에 병이 있는데 구하기 힘든 약을 처방 받은 것과 같습니다. 참으로 힘들고 힘듭니다. 그런데 경전을 보면 너무도 쉽게 선지식을 만납니다.

　《화엄경》에는 구도의 길을 떠나는 선재(善財)라는 동자가 등장합니다. 문수보살을 통해 발심한 선재 동자는 여러 선지식을 만나면서 보살도를 배우고, 보현보살의 행과 원을 성취함으로써 진리의 세계(法界)에 들어갑니다. 선재 동자는 보살님(문수보살, 관음보살, 정취보살, 미륵보살, 보현보살) 뿐만 아니라 비구, 비구니, 우바이, 장자, 거사, 천신, 여신, 천녀, 바라문, 선인, 왕, 선생, 동자, 동녀, 뱃사공, 외도, 유녀

(遊女), 싯달타 태자비, 태자모 등 53명의 선지식을 만나게 됩니다.

선재 동자가 만나게 되는 여러 선지식은 대부분 그냥 우리 주위에 있는 사람들입니다. 그리고 너무도 다양한 사람들입니다. 이는 주위에서 만나는 사람이 모두 선지식이라는 가르침입니다. 더불어 선입견을 가지지 말라는 가르침도 있습니다. 앞에서 언급한 '자신이 너무도 아는 것이 많아 스승을 알아보지 못하는 경우' 라는 글을 새롭게 적어봅니다. '자신을 버리면 모두가 스승.' 그러나 자신을 버리는 것은 쉽지 않습니다. 따라서 자신을 버리는 것이 결국 도달해야 할 그곳입니다. 이에 스승을 찾아 나서는 길은 자신을 버리는 수행을 하는 것이고, 스승을 찾았을 때는 이미 자신을 버린 것입니다. 자신을 버렸기 때문에 모든 것이 가르침으로 다가옵니다. 힘들었던 과거도 말입니다. 이런 이야기가 있습니다.

"불자 여러분, 잘 생각해봐요. 영원한 마구니(악지식)라는 것은 없어요. 그놈의 마구니 때문에, 가령 남편이 하도 힘들게 해서 절에 오기 시작했는데, 지금 부처님 법 배우는 것이 너무 즐겁고 행복해. 그렇다면 그 웬수 같은 남편은 웬수가 아니라 보살입니다, 보살. 부처님 가르침으로 여러분을 인도해준 보살."

이와 비슷한 내용으로 부처님께서 말씀하십니다.

내 전생의 스승은 그 명호를 일일이 셀 수 없을 정도이다. 내가 지금 도를 얻은 것은 스승으로 말미암은 것이다. 하지만 여덟 스승이 있으니 그들로부터 현명하게 도를 얻었다. 첫째 스승은 살생이다. 살생을 저지른 자의 죄가 얼마나 크고 그 과보가 얼마나 고된 것인지를 알기에 감히 중생을 죽이려는 마음을 내지 않았다. 이것이 나의 첫 번째 스승이다. 둘째 스승은 도둑질이고, 셋째 스승은 그릇된 음행이고, 넷째 스승은 욕과 이간질하는 말과 거짓말과 꾸밈말이고, 다섯째 스승은 술을 좋아함이요, 여섯째 스승은 늙음이요, 일곱째 스승은 병듦이요, 여덟째 스승은 죽음이다.

《불설팔사경》

악한 자에게도 배울 것이 있다고 하지만 결코 이러한 일은 쉬운 것이 아닙니다. 결코 우리에게 스승으로 느껴지지 않습니다. 지난 뒤에 생각해보면 선지식이었지만, 그 상황에 직면했을 때는 어지간한 내공이 있지 않고는 반면교사(反面敎師)로 삼기 힘듭니다. 그러나 내공은 끊임없는 수행에서 나옵니다. 옛글에 '조용한 곳에서 수행하는 것은 시끄러운 곳에서 사용하고자 함이니, 조용한 곳에서는 마음을 다스릴 수 있는데, 시끄러운 곳에서 다스릴 수 없다면 잘못된 공부'라고 하였습니다.

결국 살아가야 하는 곳은 이곳입니다. 따라서 조용한 곳에서 힘을 키우던 시끄러운 곳에서 힘을 키우던 주저앉더라도 다시 일어날 수 있는 힘이 필요합니다. 모든 과정이 공부입니다. 스승을 찾아가는 과정 또한 공부이기에 그냥 쉽게 이뤄지지 않습니다. 많은 수업료를 지불해야 합니다. 자신을 버리지 못하거나 욕심을 낸다면 더 많은 수업료를 내야 합니다.

사람에 의지하지 말고 가르침에 의지하라

'사람을 보고 절에 가면 일 년을 못 견디고, 절을 보고 절에 가면 삼 년을 못 견딘다'는 말이 있습니다. 이 말은 결코 사람이나 절을 비하하고자 하는 말이 아닙니다. 불교 전체에 대한 올바른 믿음을 가지고 정진하라는 당부의 말입니다. 올바른 가르침이 사람을 통해 드러나기 때문에 사람을 통해 판단을 하게 됩니다. 그러나 사람을 보고 판단하고 행동하게 되면 오히려 올바른 가르침을 멀리하게 되는 경우가 있습니다. 오늘날 주위에서 이런 모습을 가끔 접하기도 합니다. 부처님 당시에도 이와 비슷한 경우가 있었는지 《잡아함경》에 다음과 같은 내용이 있습니다.

만일 사람을 믿으면 다섯 가지 허물이 생길 것이다. 그 사람이 혹 계율을 범하거나 어기어 대중에게 버림을 받으면 '나는 스승을 존중하고 공경하는데 대중들은 그를 버리고 천대한다. 나는 이제 무슨 인연으로 그 절에 들어가겠는가?' 그래서 절에 들어가지 않으면 대중들을 공경하지 않게 되고, 대중들을 공경하지 않으면 법을 듣지 못하게 되며, 법을 듣지 않으면 착한 법에서 물러나거나 그것을 잃게 되어, 바른 법 가운데 오래 머무르지 못하게 된다. 이것이 사람을 믿고 공경함으로써 생기는 첫 번째 허물이니라.

다음에는 사람을 공경하고 믿을 때, 공경 받는 사람이 계율을 범하거나 어기어, 대중들이 그를 칭찬하지 않으면, '나의 스승은 내가 공경하고 존중하였는데 이제 대중들은 칭찬하지 않는다. 이제 나는 무슨 인연으로 그 절에 들어가겠는가?' …(상동)… 두 번째 허물이니라.

다음에는 만일 그 사람이 가사와 발우를 가지고 다른 곳에서 유행하게 되면, '내가 공경하는 사람은 가사와 발우를 가지고 세간에서 유행한다. 이제 나는 무슨 인연으로 그 절에 들어가겠는가?' …(상동)… 세 번째 허물이니라.

다음에는 그가 믿고 공경하는 사람이 계율을 버리고 속세로 돌아가면, '나의 스승은 내가 공경하고 존중하였는데, 그는 계율을 버리고 속세로 돌아갔다. 나는 이제 그 절에 들어갈 수 없다.' …(상동)… 네 번째 허물이니라.

다음에는 그가 믿고 공경하는 사람이 몸이 무너지고 목숨이 끝나면, '그는 내 스승으로서 공경하고 존중하였는데 이제 목숨을 마쳤다. 나는 이제 무슨 인연으로 그 절에 들어가겠는가?' …(상동)… 다섯 번째 허물이니라.

그러므로 비구들이여, 마땅히 다음과 같이 마음을 가져야 한다. '나는 반드시 부처님에 대한 무너지지 않는 깨끗한 믿음을 성취하고, 부처님의 가르침과 부처님의 가르침을 실천하는 대중과 거룩한 계율에

대한 무너지지 않는 깨끗한 믿음을 성취하리라.'

《잡아함경》

첫머리에 인용한 '사람을 보고 절에 가면 일 년을 못 견디고, 절을 보고 절에 가면 삼 년을 못 견딘다' 는 말은 사람이나 절의 모습을 보고 부처님 가르침을 멀리하게 되는 경우가 있어 발심한 사람들에게 올바른 믿음을 가지고 정진하라는 당부의 말이고, 위에 언급한 경의 내용은 어느 특정인을 믿고 절을 찾지 말고 불법승 삼보와 거룩한 계에 대한 믿음으로 절을 찾으라는 당부의 말씀입니다.

절에 다니다가 어느 특정인의 그릇된 모습을 보거나 절 또는 어느 단체의 그릇된 살림 운영을 보고서 절 또는 단체 자체를 떠나게 되고 더 나아가 신행생활까지 바꾸게 되는 경우나, 특정인을 보고서 절을 찾다가 그 특정인이 처하게 된 상황에 따라 절 또는 단체 자체를 떠나게 되는 경우, 그러한 경우 모두 결국은 대중들을 공경하지 않게 되고, 법을 듣지 못하게 되고, 착한 법에서 물러나게 되고, 바른 법 가운데 오래 머무르지 못하게 된다는 것입니다. 이 두 가지 경우는 아무개가 어떠해서 나는 그 종교를 떠났다거나, 내가 좋아하던 아무개가 다른 곳에 가서 나는 그곳을 가지않는다는 등, 우리 주변에서 쉽게 찾아볼 수 있는 경우입니다.

그러므로 가르침을 배우는 자로서는 무엇이 중심이고 무엇이나아가야 할 바인가를 평소 명확하게 인식해야 합니다. 물론 단체를 운영하는 사람들도, 만에 하나라도 이런 경우가 생기지 않도록스스로 몸가짐에 주의하고 혹시 다른 이에게 그릇된 믿음을 주고있지 않은가 늘 살펴야 합니다. 다음 경전 말씀을 통해 다시 한 번명심해야 합니다. 사람을 통해 가르침이 나타나지만 중요한 것은사람이 아니라 가르침입니다.

> 법에 의지하되 사람에 의지하지 말라 〔依法不依人〕
> 뜻에 의지하되 말에 의지하지 말라 〔依義不依語〕
> 지혜에 의지하되 알음알이에 의지하지 말라 〔依智不依識〕
> 요의경★에 의지하되 불요의경에 의지하지 말라 〔依了義經 不依不了義經〕
> 《열반경》

저 스승이 진짜 도를 알까?

오늘날 사람들은 어디론가 내몰리며 살아가고 있습니다. 너무도 빠른 시대 흐름 속에 사람들은 숨 쉴 여유조차 잃어버렸습니다. 이에 새로운 삶의 형태를 갈구하는 사람들이 늘어나고 있습니다. 그것은 수행에 대한 관심으로 이어집니다. 그러나 그 관심들이 본인의 의도와는 달리, 본인도 모르게 잘못된 길에 서 있는 경우도 있습니다. 그런데 문제는 본인이 가는 길이 잘못된 길이라는 것을 모른다는 것입니다. 더구나 이 길만이 최고의 길이라는 확신에 빠져 있습니다. 따라서 밖에서 보면 상식이 통하지 않는 일이 그곳에서는 아무 문제도 되지 않는 듯이 진행됩니다. 그런 일이 어떻게 일어날 수 있을까요? 그것은 수행함에 있어서는 무엇보다 자신의 가치판단(알음알이)을 모두 내려놓아야 한다는 것과 이성으로 판단할 수 없는 신비체험으로 이성이 더욱 마비되는 것이 그 이유 가운데 하나입니다. 물론 그 중심에는 수행을 지도하는 사람이 있

★요의경은 부처님께서 말씀하시고자 하는 뜻이 갖추어진 경전이고, 불요의경은 중생의 수준에 맞춰 이야기함으로써 부처님의 뜻을 다 드러내지 못한 방편 교설을 말합니다.

습니다.

네 종류의 사문이 있다. 첫째는 도를 실천함이 뛰어난 사문이다. 둘째는 도의 뜻을 잘 설명하는 사문이다. 셋째는 도에 의지하여 생활하는 사문이다. 넷째는 도를 행하는 척, 더러움만 짓는 사문이다. …(중략)…
속으로는 간사하고 그릇된 마음을 품고서 겉으로만 깨끗한 척 꾸미며 거짓을 일삼고 성실하지 못하면 이것을 '도를 행하는 척, 더러움만 짓는다'고 한다. 어떤 이를 선과 악이 함께 있으며 깨끗함과 더러움이 뒤섞인 자라 하는가. 겉으로 아름다운 듯하지만 마치 구리에 금 칠한 것과 같은 자이다. 그런데 사람들은 그를 보고 성스러운 지혜를 지닌 자라고 말한다.

그렇다고 다른 이도 그런 것은 아니니 맑고 깨끗한 믿음을 버리지 말라.

어떤 사람은 대중을 거느리되 속은 흐리면서 겉은 깨끗하여 간사한 속마음을 당장은 가리지만 실제로는 나쁜 마음을 품을 수 있다. 그러므로 언뜻 겉모양만 보고 한눈에 존경하거나 가까이하지 말라.

《장아함경》

수행을 하는 데는 스승이 중요하다고 합니다. 그런데 누가 올바른 스승인지 초심자로서는 알 수 없는 노릇입니다. 그리고 스승 밑에서 수행을 시작하면서 의심이 일어나도 어떻게 스승을 제자가 함부로 판단할 수 있을까? 하는 생각도 자리 잡고 있습니다.

그리하여 어떤 경우 부처님보다 뛰어나고 조사스님보다도 뛰어나다고 주장하는 자칭 견성했다는 사람이 있고, 그렇게 인정하면서 그 밑에서 수행하는 이들이 있습니다. 자신들의 길이 최고의 길이며 부처님의 가르침을 능가하는 길이라고 착각하거나 기만하는 가운데 말입니다. 그런데 《능엄경》에서는 절대 의지해서는 안 되는 스승을 언급하고 있습니다. 그들의 특징은 다음과 같이 요약됩니다.

첫째, 수행 중 큰 깨달음을 얻었다고 착각한 나머지 자신을 부처님과 동일시하는 자이다. 이런 사람은 수행 중에 얻은 약간의 힘으로 어리석은 무리들을 현혹하고 억압한다.

둘째, 외도 수행으로 신통력을 얻어 중생들의 전생이나 앞날을 예언하고 불치병을 고쳐주기도 하는 자를 말한다. 이런 자들에게는 많은 사람들이 몰리게 되는데, 이러한 사람은 결코 불법의 바른 선지식이 될 수 없다.《간화선》, 불학연구소 엮음, 조계종출판사)

이러한 특징은 겉으로는 올바른 가르침을 나타내는 것 같지만 그 속은 그렇지 않은, 새로운 형태의 수행단체나 종교단체에서 많이 볼 수 있습니다. 신통력은 사람의 이성을 마비시키는 데 대단한 힘을 발휘합니다. 이성으로 판단할 수 없는 신통을 보임으로써 이성을 뛰어넘는 절대적 힘을 믿게 합니다. 그 앞에 인간은 얼마나 나약한 존재인가. 심한 경우 자신의 모든 삶이 그 앞에 무너짐을 느낍니다. 그 대중 앞에 그릇된 스승은 뛰어난 스승(교주)으로 등장하게 됩니다. 약간의 힘과 분위기로 부처님과 동일하거나 부처님보다 뛰어나다고 믿게 하는 것입니다. 그리하여 스스로 나약함을 느낀 대중은 그릇된 스승을 절대적 스승으로 받들게 됩니다.

그릇된 스승은 믿음을 강조, 아니 강요합니다. 그러나 이성이 마비된 상태에서 믿음이란 앞서 부처님이 말한 맑고 깨끗한 믿음이 아니라 맹신에 다름 아닙니다. 그것을 믿음이라고 생각하는 대중들도 문제입니다. 수행 중에 일어나는 의심을 제거하기 위해서는 의심의 반대 개념인 믿음을 강화시키는 것이 아니라 선명한 이해를 필요로 한다는 부처님 말씀도 있습니다. 말하자면 맹목적인 믿음보다는 현명한 판단이 필요하다는 것입니다. 그리고 '믿음만 있고 지혜가 없으면 어리석음이 더욱 커지고 지혜가 있으나 믿음이 없으면 그릇된 견해를 더욱 키우게 된다' 는 《열반경》의 부처님 말씀을 되새겨 볼 필요도 있습니다.

한편 이러한 폐해들에 대해 기존 종교단체도 반성이 필요합니다. 그것은 사람들에게 올바른 모습을 보여주지 못한 책임이 있기 때문입니다. 아무리 정통 법맥의 선지식을 구하라 하더라도, 이미 기존 종교에 대한 거부감을 가진 그들에게는 새롭게 등장한 메뉴야말로 참으로 달콤한 유혹일 수밖에 없으니 말입니다. 그러나 마음 깊은 곳에서는, 참으로 삶과 수행이 일치된 선지식, 참으로 대중들에게 자비를 베풀 선지식을 그리워하고 있다는 것을 읽어낼 수 있어야 합니다.

X인지 된장인지 모르는 상황들, 눈 밝은 스승들이 필요한 이때, 그러나 그러한 분들을 가까이하기 힘들다고 느껴지는 오늘날, 스스로 조심하며 돌다리도 두들겨 가며 갈 일입니다. 비록 수행의

진척이 더디다 할지라도 엉터리 스승을 만나 죽음의 길로 가지 않

으려면 말입니다.

역경, 희망을 심다

긍정적 사고는 과거도 바꾼다

지금 일어나는 일들이 과연 나에게 긍정으로 다가올지 부정으로 다가올지 알기 어렵습니다. 지금 좋다고 생각하는 일이 나중에 좋지 않은 결과를 가져오기도 하고, 지금 나쁘다고 하는 일들이 나중에 좋은 결과를 가져오기도 합니다. 그리고 다시 그 결과들은 새로운 원인이 되어 또 다른 결과를 가져옵니다. 이렇게 세상은 돌고 돕니다.

가끔 모임을 하다보면 이런 말을 듣습니다.

"이 모임 사람들이 너무 좋습니다. 이러한 인연이 계속 이어졌으면 합니다."

그러나 얼마 후 이런 말을 듣습니다.

"이 모임 사람 때문에 제가 힘들어요. 이 모임에 들어온 뒤로 계속 사람 관계가 힘드네요."

그렇게 입에 침에 마르도록 좋아하더니 이제 그 반대로 이야기합니다. 사람에 대한 평가도 일에 대한 평가도 그렇습니다. 지금 이 순간의 상황이 자신에게 행복으로 다가올지 불행으로 다가올지 그것은 이 순간만으로는 판단할 수 없습니다. 지금 힘든 것이 알고 보면 벅찬 내일을 위한 진통일 수 있고, 지금 편한 것이 오히려 내일을 위한 독이 될 수 있습니다. 새 생명 탄생을 위한 진통이 전자의 경우이고, 아무런 통증이 없어 건강한 줄 알고 방심하다가 갑자기 쓰러지는 경우가 후자의 경우입니다.

새옹지마(塞翁之馬)! 보통 이런 경우를 이렇게 말합니다. 어떤 변방의 늙은이가 키우던 말이 까닭도 없이 도망가 버렸습니다. 이에 마을 사람들이 위로하자 "이것이 무슨 복이 될지 누가 알겠소" 하며 조금도 낙심하지 않았습니다. 후에 그 말은 오랑캐의 좋은 말을 이끌고 돌아옵니다. 이에 마을 사람들이 축하하자 "이게 또 무슨 화가 될지 누가 알겠소" 하며 조금도 기뻐하지 않았습니다. 며칠 후 그 아들이 오랑캐의 말을 타다가 떨어져 절름발이가 됩니다. 이에 마을 사람들이 위로하자 "이게 혹시 복이 될지 누가 알겠소" 하였습니다. 그 뒤 나라에 전쟁이 나서 마을 장정들이 전쟁터로 끌려갔는데 그 늙은이의 아들은 다리가 불편하여 전쟁에 나가지 않았습니다.

키우던 말이 도망간 것이나, 말에서 떨어져 절름발이가 된 것은 그 순간 정황으로 볼 때 좋지 않은 일입니다. 좋은 말이 생긴 것이나, 목숨을 잃지 않은 것은 그 순간 볼 때 좋은 일입니다. 그러나 전체 흐름으로 볼 때 그것이 좋은 일이라고 하거나 나쁜 일이라고 하기 힘듭니다.

지금 나에게 펼쳐진 상황들이 과연 어디로 이어지는지, 정확하게 진단하기 힘듭니다. 그러기에 삶에 대한 긍정적인 사고가 중요합니다. 그 긍정적인 사고가 자신의 미래를 개척할 뿐만 아니라 과거의 역사도 긍정적으로 바꿉니다. 당시 좋지 않았던 일도 긍정적 믿음에 의해 미래가 긍정적으로 되면, 결국 그 과거에 의해 긍정적으로 되었으니 그 과거는 좋지 않았던 과거가 아니라 미래를 위한 좋은 토양으로 재해석되기 때문입니다.

자신이 행복하다고 생각하는 사람의 특징은 정서적 안정과 긍정적 사고를 가지고 있다고 합니다. 정서적 안정 속에서 긍정적 사고가 나옵니다. 불안감이나 조급한 마음이 있다면 긍정적 사고보다는 부정적 사고가 일어납니다. 긍정적 사고는 자신감과 관계하고 그러한 긍정적인 마음작용은 생체 리듬이나 호르몬 분비와 관계합니다. 따라서 이러한 신체 변화는 다시 정서적 안정을 가져옵니다.

실제 긍정적인 사고는 여러 연구에서 좋은 결과를 보입니다. 긍정적 사고를 가진 사람은 신체적 면역 기능과 인내력이 강하다고 합니다. 긍정적 사고를 가진 사람과 그렇지 않은 사람에게 감기 바이러스를 주입할 때 긍정적 사고를 가진 사람은 그렇지 않은 사람보다 감기에 걸린 확률이 적다는 연구 결과도 있습니다. 상황에 대한 대처 능력도 차이가 난다고 합니다. 누구에게나 힘든 상황은 일어날 수 있습니다. 긍정적인 사람은 이를 빠른 시간에 극복하지만, 그렇지 않은 사람은 극복하는 시간이 많이 걸릴 뿐만 아니라 그 상황에 매몰되기도 합니다. 무엇보다 정서적인 안정과 긍정적인 사고를 가진 사람은 상대적으로 시야가 넓습니다. 사고하는 범위가 넓다는 뜻입니다. 사고 범위가 넓기 때문에 다양한 생각이 가능합니다. 하나의 길만 보는 것이 아니라 여러 길을 동시에 생각합니다. 사고의 전환도 뛰어납니다. 사고의 전환이 뛰어나기에 금방 힘든 상황을 심리적으로 극복합니다. 물론 그 긍정적 사고는 막연한 낙관을 말하는 것이 아닙니다. 선명한 이해 속에 희망을 안고 모든 일이 긍정적으로 풀려나갈 것이라는 믿음입니다.

‘스톡데일 패러독스(Stockdale Paradox)’라는 말이 있습니다. 스톡데일은 베트남전쟁 때 하노이수용소에서 8년이나 포로 생활을 견뎌내고 돌아온 미국 스톡데일 장군의 이름에서 따왔습니다. 스톡데일 장군에게 물었습니다. “포로수용소에서 어떤 사람들이 가장 먼저 죽어갔습니까?” 장군의 대답은 의외였습니다. 바로 낙관주의자라는 것입니다. “크리스마스 때면 나갈 수 있다고 긍정적으로 생각하다가 크리스마스가 지나면 부활절이 되면 나갈 수 있을거야 하고 있다가 부활절이 지나면 추수감사절 때면 나갈 수 있을거야, 라는 희망으로 살았으나, 기대가 연이어 실망으로 바뀌자 결국 자살하거나 시름시름 앓다 죽어갔습니다." 반면 장군은 다른 포로들에게 말했습니다. "크리스마스가 될 때까지 나가지 못할 것이다. 그에 대한 준비를 해야 한다. 그러나 우리는 반드시 나갈 것이다." 장군은 석방 후 인터뷰에서 말했습니다. "수용소를 나갈 수 있다는 믿음을 잃지 않으면서도 냉혹한 현실을 있는 그대로 받아들이고 대비한 것이 생존의 원동력이었습니다."

고난으로 위장된 축복

누가 물었습니다. "당신은 부처님의 가피를 받으셨습니까?" 이에 대답하였습니다. "이렇게 살고 있는 것이 부처님의 가피입니다." 그러나 상대는 이러한 대답에 만족을 느끼지 못하였습니다. 아마 그는 무엇인가 눈에 보이는 확연한 것을 가피로 생각하고 물어보았을 것입니다. 그런 답을 주지 않았으니 실망할 수밖에 없었을 것입니다. 《예불문》 가운데 명훈가피력(冥熏加被力)이라는 말이 있습니다. '은근히 스며드는 가피의 힘'이라는 뜻입니다. 가피란 다양한 모습으로 우리에게 다가옵니다. 그러나 우리들은 그런 은근한 것보다는 당장 내 앞에 펼쳐진 그 무엇을 요구합니다. 그래서 기도를 해서 무엇인가 이루어지지 않으면 실망을 하기도 합니다. 심지어 종교를 바꾸는 경우도 있습니다.

《에반올마이티(2007년 작)》라는 영화가 있습니다. 주인공 에반은 신에게 세상을 바꿀 수 있는 힘을 달라고 기도합니다. 그런데 그는 신으로부터 노아의 방주를 만들라고 계시를 받게 됩니다. 그리고 그와 관련된 믿지 못할 일들이 일어납니다. 그의 부인 역시 '가족이 함께하는 행복을 달라' 고 기도했습니다. 그런데 에반이 방주를 만든다고 하는 바람에 모든 것이 엉망이 됩니다. 가정 또한 엉망으로 되어 갑니다. 기도와는 반대로 가는 듯합니다. 이때 신이 부인에게 다음과 같이 말합니다.

"그것은 기회에요. 누군가가 신에게 인내를 달라고 하면 신은 인내를 줄까요, 인내를 발휘할 기회를 줄까요? 용기를 달라고 하면 용기를 줄까요, 용기를 가질 기회를 줄까요? 만약 누군가에게 조금 더 가까워지게 해달라고 빈다면 신은 뿅하고 묘한 감정을 느끼게 할까요 아니면 함께 있을 기회를 줄까요?”

우리가 기도를 하지만 기도를 하자마자 바로 가피가 오는 것은 아닙니다. 앞서 말한 영화처럼, 그러한 기회를 주는 것입니다. 그러한 기회가 좋은 일이 될 수도 있고, 좋지 않은 일이 될 수도 있다는 것입니다. 지금 당장 나에게 좋지 않은 일일지라도 내가 가고자 하는 일을 이루고자 하는 과정일 수도 있습니다. 그런데, 우리는 그것에 멈춰버리고 주저 앉아버립니다. 기도를 하자마자 당장 그것이 이뤄진다고 한다면 세상에 기도하지 않을 사람은 하나도 없을 것입니다. 노력한다고 해서 당장 그 일이 이뤄진다고 한다면 세상에 노력하지 않을 사람은 하나도 없을 것이라고 합니다. 그러나 모든 일이 당장 이뤄지는 것은 아닙니다. 그러므로 기도를 통해 가피를 받은 사람도 있고 받지 못한 사람도 있습니다. 노력을 통해 일을 성취한 사람도 있고 성취하지 못한 사람도 있습니다.

산을 오르면 오르막도 있지만 내리막도 있습니다. 산을 오른다고 해서 무조건 오르막만 있는 것이 아닙니다. 내리막이 있다고 해서 산 정상과 멀어진다고 생각하여 도중에 포기한다면 그것만큼 어리석은 것은 없습니다. 그 내리막을 통하지 않고서는 결코 산 정상에 올라갈 수 없습니다. 우리가 어떤 일을 할 때 역시 현재 나에게 불리한 상황이 전개될 수도 있고 유리한 상황이 전개될 수도 있습니다. 따라서 미래에 대한 정확한 예측을 통해 지금 이 순간 힘을 다해 나아가는 용기와 지혜가 필요합니다.

어떤 이는 겉보기에는 나쁜 일, 즉 까다로운 사람이나 성가신 상황을 위장된 축복으로 보고, 그것을 가려 볼 줄 아는 능력을 가질 때 인생은 훨씬 더 의미 있고 즐거워질 것이라고 주장합니다. 그리고 다음과 같은 일화를 소개합니다.

링컨(Lincoln, Abraham)이 대통령으로 재직할 때였습니다. 각료 중 한 사람이 사사건건 링컨의 의견에 딴지를 걸고, 추진하려는 일마다 반대를 하고 나섰습니다. 한동안 이런 일이 계속되자 한 친구가 왜 그 사람을 해임하지 않느냐고 링컨에게 물었습니다. 링컨이 답했습니다.

"제가 어느 시골길을 걷고 있는데, 한 농부가 말을 몰아 쟁기로 밭을 갈고 있는 게 보였습니다. 제가 농부에게 다가가 인사를 했

습니다. 그때 말 엉덩이에 파리가 붙어 있는 게 보였습니다. 말을
귀찮게 하고 괴롭히는 게 분명했습니다. 제가 파리를 털어 버리려
고 손을 든 순간, 농부가 말했습니다. '그만 두세요. 그 파리 때문
에 이 늙은 말이 그나마 움직이고 있답니다'"

부처님 생애를 통해 많은 것을 배울 수 있습니다. 부처님 말씀
뿐만 아니라 부처님 일생 모든 것이 귀중한 가르침입니다. 그 가
운데 부처님이 6년 동안의 고행을 중단하시고 새롭게 시작하는
장면이 와 닿습니다. 모든 것을 버리고 출가한 이래 6년 동안 고행
을 했지만 궁극적인 깨달음을 얻지 못했을 때, 고타마 싯다르타의
심정은 어땠을까 생각해봅니다. 모든 것을 걸고 혹독한 고행을 했
건만 남아 있는 것은 없고, 함께 수행하던 친구마저 떠나버렸습니
다. 그러나 다시 싯다르타는 나무 아래 앉아 새롭게 수행을 시작
하고 마침내 깨달음을 얻게 됩니다. 부처님도 깨달음을 얻고자 하
는 과정이 그저 순탄하지는 않았습니다. 깨달음을 얻기 직전 마왕
의 딸이 유혹하는 그 상황 역시 마찬가집니다.

이와 같이 막히는 데서 도리어 통하는 것이요 통함을 구하는 것이 오히려 막히는 것이니, 그래서 부처님께서는 저 장애 가운데에서 보리도를 얻으셨느니라. 세상에 도를 배우는 사람들이 만일 먼저 역경에서 견디지 못하면 장애가 부딪칠 때 이겨내지 못해서 법왕의 큰 보배를 잃어버리게 되나니 역경을 통하여 부처님이 되느니라.

《보왕삼매론》

경계에 머무는 바 없이

신행생활을 하다보면 다양한 경계가 일어납니다. 다시 말해 다양한 상황에 부딪치게 된다는 말입니다. 이에 조사스님들은 역경계와 순경계를 이야기합니다. 역경계(逆境界)란 자신에게 거스르는 상황이 전개되는 것을 말합니다. 한마디로 참기 어려운 상황이 바로 눈앞에서 펼쳐지는 것입니다. 순경계(順境界)는 자신에게 맞는 상황이 벌어지는 것을 말합니다. 순경계는 자신에게 맞기 때문에 즐거움과 편안함을 주는 경계라 할 수 있습니다.

　신행생활을 하는 데 어쩌면 마장(魔障)이 끼는 것은 허다한 일입니다. 마장이란 일을 진행하는 데 장애가 되는 모든 것을 말합니다. 그것이 역경계이든 순경계이든 말입니다.

　역경계의 마장은 이런 경우입니다. 남편과 가족을 위해 백일기도를 하는데, 남편과 가족이 더욱 속을 썩일 때 '내가 누구를 위해 기도를 하는가' 하면서 하던 기도를 포기하는 경우가 있습니다. 그럴수록 그것을 넘어설 수 있는 힘이 필요합니다. 그것이 바로 백일기도 원만 회향을 위한 신호라는 것입니다. 그 외 기도를 하는데 좋지 않은 일이 생기는 것이 모두 이에 해당합니다.

　한편 역경계보다 더 위험한 것이 순경계입니다. 역경계는 본인이 이것을 극복해야 된다고 알거나 그것으로부터 벗어나려고 노력을 하게 됩니다. 그리고 여기저기 자문을 구하기도 합니다. 그러나 순경계는 그와 다릅니다. 기도를 하다보면 여러 가지 현상들이 일어나는데, 이때 기도는 어디로 가고 그 현상들을 쫓아다니기 바쁩니다. 꿈이 신통하게 현실과 맞아떨어지는 등, 신비적인 현상들이 그것입니다. 이런 경우 대부분이 자신의 기도로 가피를 받는 것이라고 쉽게 생각합니다. 물론 가피일 수 있습니다. 그러나 그렇게 드러난 모습에 매몰되어 본래 가졌던 기도의 목적을 망각했다면 그것은 가피가 아니라 오히려 큰 마장일 수 있습니다. 따라서 단지 외형적인 모습에 성급한 판단을 하고 자신의 마음을 빼앗겨 현실에 매몰된다면, 결코 자신의 삶에 주인공이 될 수 없고 결국 자신에게 속아 사는 꼴이 될 것입니다.

《열반경》을 보면 공덕천과 흑암녀의 이야기가 나옵니다. 공덕천은 복덕을 가져다주는 여자이고 흑암녀는 복덕을 없애는 여자입니다. 이들은 자매로써 늘 함께합니다. 부자는 이들이 함께 살고자 찾아왔지만 거절합니다. 그러나 가난한 자는 그들을 집으로 들이게 됩니다. 이에 부처님께서 다음과 같은 가르침을 전합니다.

이렇듯 가섭이여, 보살마하살도 그와 같아서 천상에 태어나기를 원하지 않느니라. 태어나면 반드시 늙고 병나고 죽음이 있는 까닭으로 모두 버리고 조금도 받을 마음이 없느니라. 범부나 어리석은 사람은 늙고 병나고 죽음의 걱정을 알지 못하는 연고로 태어나고 죽는 두 가지 법을 받으려고 탐하느니라.

《열반경》

가끔 이 경전 이야기는, '가섭이여' 이후부터는 생략한 채, 공 덕천과 흑암녀의 이야기만 언급하여 무심(無心)하게 좋은 것이든 나 쁜 것이든 구별 없이 받아들여야 한다는 가르침으로 인용되기도 합니다. 이런 경우에는 부자인 사람이 어리석은 사람이 되고 가난 한 사람이 지혜로운 사람이 됩니다.

그러나 경전 내용을 보면 그런 가르침이라기보다는, 천상이 좋 다고 태어나기를 원한다면 비록 천상이 다소 좋을지 모르지만 그 태어남은 또한 늙고 병들고 죽게 되는 고통을 함께 가지게 되니 지혜로운 사람이라면 생사를 모두 벗어나라는 가르침인 것입니 다. 따라서 공덕천과 흑암녀를 모두 거부한 부자는 지혜로운 사람 이고 이를 모두 받아들인 가난한 사람은 어리석은 사람이라고 보 아야 할 것입니다.

부처님도 사람들을 교화할 때 우선 보시를 많이 하고[施論] 계를 잘 지키면[戒論] 하늘에 태어난다[生天論]고 하였습니다. 그것은 당시 사람들이 천상에 태어나는 것을 큰 복으로 생각했기 때문입니다. 그러나 그 천상이라는 것도 태어남이 있으니 늙고 병들고 죽는 걱 정이 있는 것은 당연한 일입니다. 그러므로 부처님은 이러한 가르침을 통해 교화된 이에게는 바로 모든 욕심으로 인한 근심에 대해 말씀하시고, 그다음에는 욕심을 벗어남으로써 생기는 공덕에 대해 말씀하시고 사성제에 대해 말씀하십니다. 곧 부처님이 말씀하고자 하신 것은 괴로운 현실을 정확하게 보고〔見苦〕 그 원인을 끊기〔斷集〕 위해 수행을 열심히 하여〔修道〕 결국 번뇌를 여읜 열반을 증득하게〔證滅〕 하고자 하신 것입니다.

사람들이 좋다고 생각하는 천상도 걱정이 함께하거늘, 당장 눈앞에 보이는 달콤함도 그 밑에는 날카로운 칼날이 있다는 것을 알아야 하는데. 그러나 사람들은 집단 최면에 걸린 것처럼 서로 경쟁하며 밖으로만 향하고 있습니다. 이러한 마음가짐이 있으니 신행 도중 눈앞에 펼쳐진 것에 대해서도 어리석은 판단을 하게 됩니다. 역경계를 만나서 도중에 포기하거나 순경계를 만나서 그것에 빠지거나 말입니다.

십바라밀 가운데 정진바라밀을 가위로 비유한 것이 재미있습니다. 가위는 앞으로 나아가야만 가위라고 할 수 있습니다. 가위는 물건을 자르는 것인데, 뒤로 간다면 자를 수 없기 때문에 가위가 아닙니다. 신행 도중 그 무엇이 나에게 펼쳐져도 쉽사리 포기

하거나 그것에 현혹되는 바 없이, 머물지 않고 나아가는 지혜와
용기가 필요합니다.

도량,
지금 숨 쉬고 살아가는
바로 이 자리

도량은 바로 여기

봄이 되면 한 번쯤은 듣게 되는 법문이 있습니다.

하루 종일 봄을 찾아다녀도 봄을 찾을 수가 없어라

산꼭대기 구름 덮인 곳까지 짚신이 다 닳도록 헤매었지만

지쳐서 돌아와 보니 가득한 매화 향기에 미소를 짓네

봄이 벌써 매화나무 가지에 가득히 차 있음을

〔盡日尋春不見春 芒鞋踏遍隴頭雲 歸來笑撒梅花嗅 春在枝頭已十分〕

《학림옥로》

이 시는 소중한 것은 우리 곁에, 우리 안에 있다는 사실을 일깨워 줍니다. 진리는 곁에 있다는 말입니다. 지금 바로 여기가 가장 소중한 순간이며 가장 소중한 곳입니다. 그런데 욕심에 눈먼 우리 이기에 때가 되면 내 마음에도 봄이 가득 차게 되는 것을 모르고 봄을 찾아 그렇게 먼 산을 헤매고 다닙니다.

어린 시절 읽었던 동화가 생각납니다. 쥐 부부가 자신의 딸을 위해 세상에서 제일 힘이 센 신랑감을 찾아 돌아다니는 이야기 말입니다. 해가 제일 강하다고 생각한 그들은 해를 찾아가게 됩니다. 그런데 해는 구름이 있으면 힘을 발휘할 수 없다고 구름이 더 강하다고 말합니다. 구름을 찾아갑니다. 구름 역시 자신은 바람에 따라 이리저리 떠다니기 때문에 바람이 더 강하다고 말합니다. 바람을 찾아갑니다. 바람 역시 자신은 벽은 어찌할 수 없으니 벽이 더 강하다고 말합니다. 벽을 찾아가게 됩니다. 벽 역시 구멍을 뚫는 쥐가 더 강하다고 말합니다. 그리하여 세상에서 제일 강한 것이 쥐라는 것을 알게 된 쥐 부부는 자신의 딸을 쥐와 결혼시킵니다.

다 아는 이야기지만, 삶 속에 잊어버린 이야기입니다. 그래서 어떤 분은 내가 알아야 하는 모든 것은 유치원에서 배웠다고 이야기하는지도 모릅니다.

사라져 가는 선풍을 다시 일으켰던 구한말의 경허선사 역시 다음과 같이 노래하셨습니다.

세속과 청산 어느 것이 옳은가 〔世與靑山何者是〕
봄이 오니 성마다 꽃피지 않은 곳이 없다네 〔春城無處不開花〕

삼라만상(森羅萬象), 행주좌와(行住坐臥) 어느 하나 부처님 도량 아님이 없는데, 우리는 세속을 떠나 청산을 동경하고, 안으로 나를 찾기보다는 밖으로 무엇을 구하고 있습니다. 어리석음에 눈먼 중생의 모습이라. 이러한 어리석은 중생들의 분별심을 없애주고자 유마거사는 이 모든 것이 도량 아님이 없음을 말합니다. 이는 도량이 공간적인 개념일 뿐만 아니라 삶의 모습 하나하나를 다 포함하는 까닭입니다.

부처님께서 광엄 동자에게 말씀하셨다.

"그대가 유마힐에게 가서 문병하여라."

"세존이시여, 저도 그를 찾아가 문병하는 일을 감당할 수 없습니다. 예전에 저는 베살리 성문을 나가려 하고, 유마힐은 들어오고 있을 때의 일이 생각납니다. 저는 그에게 물었습니다.

'거사님, 어디서 오십니까?'

'저는 도량에서 옵니다.'

'도량이란 어디를 말합니까?'

'곧은 마음이 도량이니 거짓이 없기 때문입니다. 행을 일으키는 것이 도량이니 능히 일을 이루기 때문입니다. 깊은 마음이 도량이니 공덕을 더하기 때문입니다. 보리심이 도량이니 그릇됨이 없기 때문입니다. 보시가 도량이니 보답을 바라지 않기 때문입니다. 지계가 도량이니 발원을 갖추기 때문입니다. 인욕이 도량이니 모든 중생에게 마음에 걸림이 없기 때문입니다. 정진이 도량이니 게으르지 않기 때문입니다. 선정이 도량이니 마음이 조복되어 부드럽기 때문입니다. 지혜가 도량이니 현재에 모든 법을 보기 때문입니다. 자애[慈]가 도량이니 중생들을 평등하게 여기기 때문입니다. 연민[悲]이 도량이니 피곤함과 괴로움을 참기 때문입니다. 기쁘게 함[喜]이 도량이니 법을 기뻐하고 좋아하기 때문입니다. 평등하게 대함[捨]이 도량이니 미움과 사랑함이 끊어졌기 때문입니다. …(중략)… 모든 번뇌가 도량이니 여실하게 알기 때문입니다. 중생이 도량이니 내가 없음을 알기 때문입니다. 온갖 법이 도량이니 모든 법이 공한 것을 알기 때문입니다. …(중략)… 이와 같이, 선남자여 만일 보살이 온갖 바라밀을 힘써 닦고 중생을 교화하고자 하면 발을 들고 내리는 동작까지도 모두 도량으로부터 와서 부처님의 가르침에 머무는 것이라고 알아야 합니다.'

이 법문을 말할 때 오백 명의 천인이 모두 아누다라삼먁삼보리를 얻었습니다. 그러므로 저는 그를 찾아가 문병하는 일을 감당할 수 없습니다."

《유마경》

'진리는 곁에 있다' 늘 듣는 말입니다. 그러나 곧 잊어버리는 말입니다. 그렇다고 그대로 내버려둘 수 없는 말입니다. 다시 그 말을 거두어 새겨야 하는 말입니다. 기억력이 거의 제로에 가까웠던 주리반특이 부처님 말씀대로 '빗자루로 쓸어' 라는 말만 되새기며 마당을 쓸었듯이, 언제 어디서나 우리 마음을 다잡을 일입니다. 유마거사의 말씀처럼 모든 것이 내 마음을 다스릴 도량이 됩니다. 그렇다고 할 때 봄이 왔다고 해서 그렇게 새로울 것도 없습니다. 봄은 봄대로 겨울은 겨울대로 도량이기 때문입니다. 그래도 어김없이 봄은 왔으니 내 마음의 봄맞이를 갈 일입니다. 지금 바로 여기가 바로 부처님 도량으로 늘 새롭기 때문입니다.

圓覺道場何處 (깨달음의 도량은 어디일까)
現今生死卽時 (지금 생사가 있는 바로 이 자리)
〈가야산 해인사 법보전 주련〉

남의 소를 세는 목동

어떤 절에 가면 윤장대가 있습니다. 윤장대 안에는 경전이 모셔져 있습니다. 손잡이를 잡고 윤장대를 돌리면 그 경전을 한 번 읽은 것과 같은 공덕이 있다고 합니다. 이 말에 '피' 하면서 묘한 미소를 던지는 사람도 있을 것입니다.

　한번 생각해봅시다. 경전 내용 중 "경전 한 번 읽는 공덕이 헤아리 수 없는 부처님께 공양한 공덕보다 뛰어나다"고 합니다. 이런 좋은 말씀을 듣고 경전을 읽고자 하는 마음을 냅니다. 지금은 문맹이 거의 없고, 책도 흔하기 때문에 마음만 먹으면 언제든지 독송할 수 있습니다. 그런데 그 옛날은 어떻습니까? 스님 법문을 통해 경전 독송의 공덕은 알지만, 글씨 모르는 까막눈이 대부분이고 책 또한 귀한 때이니, 아무리 경전 독송의 공덕을 운운해도 그림의 떡입니다. 몸 아픈 사람에게 약이 있는데, 그 약은 저 공중에 있는 달 안에 있다고 하는 것과 똑같습니다. 경전 독송의 공덕을 알지만 읽고 싶어도 읽지 못하는 사람이, 어느 날 스님께 윤장대를 한 번 돌리는 공덕이 경전 한 번 읽는 공덕과 같다는 가르침을 들었다면 어떻게 되겠습니까? 아마 그 마음은 뛸 듯이 기뻐 어쩔 줄 모를 것입니다. 그리고 윤장대 앞에 몸과 마음을 단정히 하고 지극 정성으로 돌릴 것입니다. 그 순간 그 마음의 깊이를 어떻게 헤아릴 수 있겠습니까? 알음알이로 문자에 빠져 경을 읽는 것보다 모든 것을 내려놓고 윤장대와 하나가 된 그 순간이 더 와 닿지 않습니까?

또 한 스님이 있었는데 법달(法達)이라 이름하였다. 《법화경》을 외운 지 7년이 되었으나 마음이 미혹하여 정법의 당처(當處)를 알지 못하더니 육조대사께 와서 물었다.

"경에 대한 의심이 있습니다. 대사님의 지혜가 넓고 크시니 의심을 풀어주시기 바랍니다."

대사께서 말씀하셨다.

"법달이여, 법은 제법 통달하였으나 그대 마음은 통달하지 못하였구나. 경 자체에는 의심이 없거늘 그대 마음이 스스로 의심하고 있다. 그대 마음이 스스로 그릇되면서 정법을 구하는구나. 그대 마음 바른 정(定)이 곧 경전을 지니고 읽는 것이다. 나는 한평생 문자를 모른다. 그대가 《법화경》을 가지고 와서 나를 마주하여 한 편을 읽어라. 내가 들으면 곧 알 것이다."

법달이 경을 가지고 와서 대사와 마주하여 한 편을 읽었다. 육조대사께서 듣고 곧 부처님의 뜻을 아셨고 바로 법달을 위하여 《법화경》을 설명하셨다.

《육조단경》

경전을 많이 보았다고 하여 반드시 그 뜻을 아는 것은 아닙니다. 스스로 그 마음을 다스리지 못하면 경전 말씀은 입에서만 맴돌 뿐 자신의 것이 되지 않습니다. 자신의 선입견으로 경전을 보면 그 깊고 깊은 경전의 맛을 알 수 없습니다. 법달 스님이 《법화경》을 달달 외웠지만 그 근본 뜻을 알 수 없었던 것에 반해, 한평생 문자를 몰랐던 혜능 스님이 법달 스님이 읽어 주는 《법화경》을 듣고 나서 그 뜻을 알고 설명해주시는 장면은 전하는 바가 큽니다.

대사께서 말씀하셨다.

"법달이여, 마음으로 행하면 《법화경》을 굴리고 마음으로 행하지 않으면 《법화경》에 굴리게 된다. 마음이 바르면 《법화경》을 굴리고 마음이 그릇되면 《법화경》에 굴리게 된다. 부처님의 지견을 열면 《법화경》을 굴리고 중생의 지견을 열면 《법화경》에 굴리게 된다."

대사께서 말씀하셨다.

"힘써 법을 의지하여 수행하면 이것이 바로 경을 굴리는 것이다."

법달은 한 번 듣고 그 말끝에 크게 깨달아 눈물을 흘리고 슬피 울면서 말하였다.

"대사님이시여, 실로 지금까지 《법화경》을 굴리지 못하고, 7년을 《법화경》에 굴리어 왔습니다. 지금부터는 《법화경》을 굴려 생각 생각마다 부처님의 행을 수행하겠습니다."

대사께서 말씀하셨다.

"부처님 행이 곧 부처님이다."

그때 듣는 사람이 깨치지 못한 이가 없었다.

《육조단경》

부처님 십대제자 가운데 다문제일(多聞第一) 아난존자가 있습니다. 부처님 옆에 항상 있으면서 부처님 법을 많이 들었기에 다문제일이라고 하였습니다. 그러나 아난존자는 많이 듣기는 하였지만 수행이 미치지 못하여 아라한을 이루지 못하였습니다. 아라한이 아니기에 부처님이 열반하신 뒤 경전 결집에 동참할 수 있는 자격이 없었습니다. 이에 분발한 아난존자는 지극한 수행으로 짧은 시간에 아라한을 이루어 그 현장에 동참하게 되었습니다. 많이 들었지만 실천 수행이 함께하지 않으면 소용이 없습니다. 아난존자 역시 스스로 참회하는 내용이 경전에 있습니다.

제가 부처님을 따라 발심하여 출가한 뒤로부터 부처님의 위신만 믿고 항상 '내가 애써 닦지 아니하여도 여래께서 삼매를 얻게 하시니라' 생각하였습니다. 몸과 마음은 본래 대신할 수 없는 줄을 알지 못하여 저의 본심을 잃어버렸습니다. 몸은 비록 출가하였으나 마음은 도(道)에 들어가지 못한 것이 마치 가난한 아들이 아버지를 버리고 도망한 듯합니다. 오늘에야 아무리 많이 들었다하더라도 수행하지 않으면, 듣지 않은 것과 같아서 음식을 말하는 사람이 배부르지 못한 것과 같은 줄을 비로소 알았습니다.

《능엄경》

우리는 경전을 외우지만 삶과 괴리된 상태에서 살펴보는 경우가 많습니다. 경을 보고 그 말씀대로 실천하여 그것이 삶 속에 녹아나야 하는 것이 불자의 삶입니다. 우리 주위에서 많이 봅니다. 부처님 말씀은 잘 아는데, 모습이 그렇지 않은 경우를 말입니다. 우리나라 인구 절반이 종교인입니다. 그리고 그 가운데 절반이 불자입니다. 종교인이 절반인, 이 나라에서 여러 모순된 일이 일어나는 것을 보면 종교인이 종교인다운 삶을 살고 있지 않기 때문은 아닌지, 말하자면 경전의 말씀대로 살고 있지 않기 때문은 아닌지 돌아볼 일입니다.

경전을 아무리 많이 외워도
실행하지 못하는 게으른 사람은
남의 소를 세는 목동과 같아
사문의 보람을 얻기 어렵다.
《법구경》

나 이제 마당 쓸 줄 안다

부처님 가르침은 실천하기 쉬운 듯하면서도 어렵고, 어려운 듯하면서 쉽습니다. '지금 숨 쉬고 살아가는 바로 이 자리가 깨달음의 자리' 라는 말도 '바로 이곳에서 하면 된다' 는 뜻으로 볼 때 어찌 보면 쉽고 어찌 보면 어렵습니다. 도인들은 '세수하면서 코 만지는 것보다 쉽다' 고 합니다. 우리들에게는 결코 그렇게 쉽게 다가오지 않는데 말입니다.

모대학교 환경공학과 교수가 학생들에게 일상생활에서 실천 가능한 환경 보호에 대한 보고서를 제출하라고 했습니다. 일주일 뒤 학생들은 제각기 참한 아이디어를 제출하였습니다. 빨래는 모아서 한꺼번에 한다, 음식을 남기지 않는다, 재활용을 생활화한다 등의 아이디어와 그리고 목욕을 자주 하지 않는다, 머리를 자주 감지 않는다, 속옷을 한 번 뒤집어 입는다 등의 참신한⑦ 아이디어를 제출했습니다. 그런데 최고 점수를 줄 만한 보고서는 하나도 없었습니다. 그 교수는 재생용지 또는 이면지를 사용한 보고서를 기대하고 있었던 것입니다. 그러나 모두들 참신한 아이디어와 기막힌 답을 제출하였지만 재생용지나 이면지에 보고서를 제출한 학생은 아무도 없었습니다.

삶 속에서 무엇을 한다는 것이 그렇게 거창한 것은 아닙니다.

그냥 그렇게 하면 됩니다. 그러나 우리는 그렇게 하지 못하고 있습니다. 그것은 우리 삶이 어긋나 있기 때문입니다. 마음과 마음이 따로 놀고, 마음과 몸이 따로 놀고 있습니다. 절에서 배운 것이 생활 속에 스며들지 않고, 절에 가면 보살인데, 집에서는 아니올시다가 되어버립니다. 무엇인가 열심인 듯하지만 상황이 바뀌면 도루묵이 되어버립니다. 하나부터 일치가 되도록 노력하는 삶이 부처님 가르침대로 한 걸음 나아가는 불자가 아닌가 합니다. 앞서 언급한 보고서 일화처럼 이러저러한 말을 거창하게 언급하는 것보다는 조그만 것이라도 당장 그렇게 실천하는 것입니다.

혜능대사가 말씀하셨다.

"그대는 자신의 마음을 보고 밖으로 법의 모양에 집착하지 말라. 원래 사승법(四乘法)이란 없다. 사람의 마음이 스스로 네 가지로 나누어 법에 사승이 있다. 보고 듣고 읽고 외움은 소승이요, 법을 깨달아 뜻을 앎은 중승이며, 법에 의지하여 수행함은 대승이요, 모든 법을 다 통해서 모든 행을 갖추어 일체를 떠나지 않되 오직 법의 모양 여의고 지어도 얻는 바가 없는 것이 최상승이다. 승(乘)은 행한다는 뜻이지 입

으로 다투는 것에 있지 않다. 그대는 오직 스스로 닦고 나에게 묻지
말라."

《육조단경》

혜능대사의 말씀을 들을 때 오늘날 유명한 철학자 들뢰즈의 말
이 떠오릅니다. '철학은 이야기하는 것이 아니라 되는 것이다.' 그
래서 '~되기'라는 말을 사용합니다. 이는 학문적 논쟁의 의미가
아니라 실천을 해야 한다는 뜻입니다. 삶을 바꾼다는 것이기도 합
니다. 혜능대사가 '승은 행한다는 뜻이지 입으로 다투는 것에 있
지 않다'고 한 것과 다를 것이 없습니다. 여기서 '승'이란 부처님
의 가르침을 수레로 비유한 것이라고 볼 때, '부처님 가르침은 행
한다는 뜻이지 입으로 다투는 것에 있지 않다'는 뜻이 됩니다.
어느 스님의 행자 시절 이야기입니다.
산속 절이라 가을에 낙엽이 많이 쌓여 마당 쓰는 일이 여간 힘
든 것이 아니었습니다. 쓸어도 쓸어도 끝이 없었습니다. '대중 스
님들이 함께 쓸어주면 금방 끝나고 힘도 그렇게 들지 않을텐데' 하
면서 대중 스님들에 대한 원망이 마음속 깊이 일어났습니다. 하루

이틀 자꾸 불만이 쌓여 갔습니다. 그런 마음으로 하루를 보내니 절 생활마저 힘이 들었습니다. 그러던 어느 날 갑자기 대중 스님들에 대한 마음이 다스려지면서 평온한 느낌이 들었습니다. 그 순간 입에서 이런 말이 나왔다고 합니다.

"나 이제 마당 쓸 줄 안다."

연기법, 다름을 말하다

이것이 있으므로 저것이 있다

다른 가르침과 가장 구별되는 부처님의 근본 가르침은 바로 연기법입니다. 물론 자비라고 보는 사람도 있습니다. 그러나 자비는 연기법을 바탕으로 전개되는 실천행이라고 할 수 있습니다. 그만큼 불교에서는 연기법에 대한 이해가 매우 중요합니다. 따라서 경전 곳곳에서 연기법을 다음과 같이 강조합니다.

연기(緣起)를 보는 자는 법을 보고, 법을 보는 자는 연기를 본다.

《중아함경》

연기를 보는 자는 법을 보고, 법을 보는 자는 부처님을 본다.

《도간경》

그렇다면 연기란 무슨 뜻인가? 보통 연기를 글자 그대로 서로 인연(因緣)하여 일어나는 것이라든가, 다른 것과 관계를 맺어 일어나는 것이라든가, 연(緣)하여 결합하여 일어나는 것이라고 풀이합니다. 이러한 풀이를 바탕으로 '세상 만물은 홀로 존재하는 것은 없고 서로 관계하여 존재한다'고 이해합니다. 물론 이러한 이해는 여러 경전에 등장하는 다음 말씀에 근거한 것입니다.

이것이 있으므로 저것이 있고 이것이 생기므로 저것이 생긴다.
이것이 없으므로 저것이 없고 이것이 사라지므로 저것이 사라진다.

어떤 이는 이를 연기의 공식이라고도 명명합니다. 그리고 이 공식은 불교를 말할 때, 특히 불교를 대사회적으로 이야기할 때 약방의 감초처럼 등장합니다. "'내'가 있으니 '너'가 있고 '너'가 있으니 '내'가 있다. '내'가 없으면 '너'가 없고 '너'가 없으면

'내'가 없다." 이렇게 말하며 공동체 의식을 이야기하고 사회의 관계성을 이야기합니다. '사람이 있으니 자연이 있고 자연이 있으니 사람이 있다. 사람이 없으면 자연이 없고, 자연이 없으면 사람이 없다.' 또 이렇게 이야기하며 자연과 조화로운 인간의 삶을 이야기합니다.

나밖에 모르고, 인간만 아는 우리에게는 어쩌면 놀라운 가르침이고 그에 따른 적절한 설명입니다. 그런데 여기서 잠시 생각해봅니다. 과연 석가모니부처님께서 너와 나의 관계성을 몰라서 출가하신 것일까. 과연 석가모니부처님께서 깨달으신 내용이 인간과 자연의 관계성일까. 진짜 잠깐만 생각하면 알 수 있는 내용을 그토록 고민하고 출가하여 고행하였을까.

무엇보다 연기법을 이러한 관계성으로만, 세상 만물의 관계성으로 설명한다면 마음을 다스리는 수행의 필요성을 언급하기에는 다소 부족합니다. 세상 만물의 관계성으로 설명하자면 몇 년씩 수행 정진하는 수행자보다, 상대성이론이나 원자핵과 전자 간의 관계를 이야기하는 과학자, 사람과 사람의 관계를 이야기하는 정치학자나 사회학자, 자연과 인간의 관계를 이야기하는 생태학자가 더 잘 알지 않겠습니까.

　그럼 연기의 공식을 어떻게 이해할까요? 우리는 인용된 글만 보다가 지나쳐버린 것이 있습니다. 경전을 보면 '이것이 있으므로 저것이 있다. …(중략)…' 라는 구절 다음에는 '무명이 있으므로 행이 있고, …(중략)… 무명이 사라지므로 행이 사라지고, …(중략)…' 라는 십이연기(十二緣起) 가르침이 이어집니다.

이것으로 인하여 저것이 있고 이것이 없으면 저것이 없다. 이것이 생기면 저것이 생기고 이것이 사라지면 저것이 사라진다. 이른바 무명을 반연하여 행이 있고, 나아가 생을 반연하여 노사가 있다. 만약 무명이 사라지면 곧 행이 사라지고 나아가 생이 사라지면 곧 노사가 사라진다.

《중아함경》

　'이것이 있으므로 저것이 있다. …(하략)…' 라는 구절은 세상 만물의 관계성을 설명한다기보다는 십이연기 각 지분 상호간의 연관성을 설명하는 전제입니다. 그런데 우리는 앞의 전제만 달랑 가지고 와서 여기저기 적용했던 것입니다.

그러면 십이연기란 무엇일까요? 12지분이란, 무명(無明), 행(行), 식(識), 명색(名色), 육입(六入), 촉(觸), 수(受), 애(愛), 취(取), 유(有), 생(生), 노사(老死)입니다. 번잡함을 피하고자 하나하나 설명은 생략하고 간략하게 언급하고자 합니다. 12지분 모두 마음작용과 관계됩니다. 어리석음인 무명으로 인하여 여러 마음의 분별작용이 일어납니다. 이러한 분별 망상으로 세상을 왜곡되게 봄으로써 삶의 고통이 야기됩니다. 따라서 그 번뇌 망상을 끊고 지혜를 얻어 고통을 해결하고자 실천 수행을 강조하는 것이 십이연기의 가르침입니다.

이것과 저것은 세상 만물이나 사물 대상을 말하는 것이 아닙니다. 이것이라는 마음작용과 저것이라는 마음작용이 관계하여 세상을 바라본다는 것입니다. 그렇게 바라본 세상은 세상 그대로의 모습이 아니라 나의 지난 업에 의해 탐욕과 성냄과 어리석음 등으로 왜곡된 세상입니다. 분별심으로 드러난 차별된 모습입니다. 그런데 우리는 내가 본 것이 바로 원래 그것이라고 여깁니다. 이러한 전도된 꿈의 상태에서 깨워주고자 하는 가르침이 연기법입니다.

한편, 옛글 곳곳에서는 그 분별하는 마음작용을 끊으면 왜곡됨 없이 세상이 그대로 드러난다고 가르침을 줍니다.

생각을 끊고 반연을 잊어 말없이 올연히 앉았으니, 봄이 오니 풀이 저절로 푸르구나.

《선가귀감》

참고로 부처님의 자비심을 무연자비(無緣慈悲)라고 합니다. 이를 인연 없는 중생에게도 자비심을 베푼다고 이야기합니다. 그런데 연(緣)을 '분별하는 마음작용' 으로 볼 때에는 '못난 놈이다, 잘난 놈이다' 라는 분별을 두지 않고 차별 없이 중생들에게 자비를 베푼 다고 풀이합니다.

걸레와 수건

연기법을 세상 만물의 관계성으로 이해하더라도 상대방을 이해하거나 받아들일 수 있습니다. 앞서 언급하였듯이 " '내' 가 있으니 '너' 가 있고 '너' 가 있으니 '내' 가 있다. '내' 가 없으면 '너' 가 없고 '너' 가 없으면 '내' 가 없다."는 가르침을 통해 우리는 이렇게 말하며 공동체 의식을 이야기하고 사회의 관계성을 이야기할 수 있습니다. '사람이 있으니 자연이 있고 자연이 있으니 사람이 있다. 사람이 없으면 자연이 없고, 자연이 없으면 사람이 없다.' 또 이렇게 이야기하며 자연과 조화로운 인간의 삶을 이야기할 수 있습니다.

그런데 연기법을 마음작용의 관계성으로 이해할 때는 다른 차원에서 상대방을 이해하거나 받아들이게 됩니다. 우선 마음작용의 관계성으로 연기법을 이해한다는 것은, 지금 내 앞에 펼쳐진 세상은 바로 그 세상이 아니라 내가 이해한 세상이라는 것입니다. 따라서 같은 대상을 보아도 자신이 어떤 상황에 있는가에 따라 다르게 드러난다는 것입니다.

이게 무슨 말일까요? 그럼 대부분 알고 있는 원효 스님 이야기를 살펴보지요. 알다시피 원효 스님의 해골바가지 물 이야기는 너무도 유명합니다. 간밤에 목이 말라 달콤하게 마셨던 물이 아침에 일어나 보니 해골바가지에 담긴 물이라는 사실을 알고 원효 스님은 구역질을 합니다. 이에 원효 스님은 이렇게 말씀하십니다.

마음이 일어나면 곧 갖가지 법이 일어나고
마음이 사라지면 곧 해골이 둘이 아니다.
《임간록》

간밤에 마셨던 물이나 아침에 알게 된 해골물이나 같은 물입니다. 간밤에는 맛있게 마셨는데, 아침에는 해골물이라는 것에 구역질을 하였습니다. 이것이 마음작용으로 인해 세상이 나에게 드러난다는 것입니다. '마음이 일어나면 곧 갖가지 법이 일어나고'에서 법이란 나에게 펼쳐진 세상, 인식 현상을 말합니다.

원효 스님 이야기는 두 가지 버전이 있습니다. 앞서 언급한 해골 물 이야기가 하나이고 또 다른 하나는, 요약하면 이렇습니다.

원효 스님과 의상 스님은 당나라 유학길에 오르다 굳은비를 만나게 됩니다. 마침 땅막이 보여 그 안에 들어 잠을 잤습니다. 그런데 아침에 보니 무덤 안이었습니다. 비는 계속 오고 결국 그곳에서 하룻밤을 더 지내게 되었습니다. 그런데 그날 밤은 귀신에 시달려 잠을 설치게 됩니다. 이에 원효 스님이 말합니다.

전날 여기서 잤을 때에는 땅막이라 편안했는데, 오늘 밤은 귀신의 집인 무덤에서 잠을 자기 때문에 동티가 심한 것이다. 곧 마음이 일어나므로 갖가지 법이 일어나고 마음이 사라지므로 땅막과 무덤이 둘이 아님을 알았다.
《송고승전》

여기서 재미있는 것이 있습니다. '아니, 무덤 안에서 어떻게 잘 수 있지?' 라는 의문을 가질 수 있습니다. 우리가 알고 있는 무덤으로 생각하면 이해가 안 됩니다. 만약 충청남도 공주에 있는 무령왕릉처럼 출입구가 있고 무덤 안에 공간이 있다면 이야기가 달라집니다. 이러한 의문 또한 자기 마음에 의해 세상을 본다는 것

214

을 여실히 보여주는 예가 됩니다. 돼지 눈에는 돼지로 보이고 부처님 눈에는 부처님으로 보인다는 말처럼 말입니다.

나는 이렇게 보지만 내가 보는 것이 다른 이가 보는 것과 다를 수 있습니다. 각기 처한 상황이 다르기 때문입니다. 옛글을 보면 인간에게는 물로 보이는 것이, 물고기에게는 집과 길로 보이고, 하늘 중생에게는 보석으로 보이고, 아귀에게는 피고름으로 보인다고 합니다. 이 말이 무슨 뜻일까요? 인간, 물고기, 하늘 중생, 아귀가 처한 상황에 따라 세상이 다르게 펼쳐진다는 것입니다. 다시 쉬운 예를 들어봅니다.

필자가 고등학생일 때 있었던 일입니다. 더운 여름날 친구 집에 놀러가 세수를 하고 눈에 보이는 수건으로 얼굴을 닦았습니다. 장난꾸러기 친구는 가만히 지켜보다가 물었습니다.

"얼굴 다 닦았나?"

"응."

"그거 걸레다."

"……"

필자는 그 헝겊을 수건이라고 보았지만 친구에게는 걸레였습니다. 따라서 그 헝겊 자체에 수건이니 걸레니 하는 고정된 실체가 없고 처해진 상황에 따라 그렇게 이름함에도, 고정된 수건이 있고 걸레가 있다고 생각합니다. 본인이 가진 견해, 또는 선입견을 통해 그렇게 보는 것입니다. 선입견을 업이라고 하면 어떻게 될까요. 우리는 우리의 업에 의해 세상을 보고 또 세상이 그렇다고 우깁니다.

그러나 우리는 일상생활에서 선입견 때문에 그렇다고 생각하지 않습니다. 그때그때 규정되고 이해된 것을 마음작용의 결과라고 보지 않고, 밖에 실재로 고정된 그것이 있다고 봅니다. 《반야심경》에서 말하는 '전도몽상(顚倒夢想)'입니다. 그런 나머지 내가 보는 것처럼 남도 똑같이 본다고 여기고, 아니 똑같이 봐야 한다고 강요합니다. 물론 본인은 강요라고 생각하지 않습니다. 그것에다 앞서 말한 것처럼 터무니없는 덧칠까지 해버립니다.

그런데 조금만 여유가 있다면 '다른 사람은 다르게 생각할 수도 있겠구나' 라는 사고의 전환이 있을 수 있습니다. 따라서 연기법을 마음작용이라는 관점에서 이해하면 또 하나의 가르침을 얻을 수 있습니다. 즉, 자신을 돌아보게 하고 더 나아가 다른 사람을 배려해야 한다는 가르침입니다. 비록 아직 모든 분별을 내려놓고 세상을 있는 그대로 볼 수 있는 경지를 이룬 것은 아니지만, '세상은 내가 생각한 것과 다를 수 있고, 사람들은 제 나름대로 세상을 볼 수도 있겠구나' 라는 생각은 간직할 수 있다는 것입니다. 이러한 생각도 탐진치 삼독에 순간 놓쳐버릴 수도 있지만, 다름을 이야기하는 연기의 가르침을 이해한다면 상대방을 생각하는 그 마음을 다시 챙길 수 있습니다.

다름을 바라보는 힘

우리는 모두 눈먼 상태에서 코끼리를 만지고 있습니다. 코를 만진 사람은 코끼리는 긴 호스와 같다고 하고, 귀를 만진 사람은 부채와 같다 하고, 다리를 만진 사람은 기둥과 같다 하고, 꼬리를 만진 사람은 빗자루와 같다 합니다. 그러면서 자신이 판단한 것이 코끼리의 참모습이라고 우깁니다. 이것이 우리의 모습입니다. 자신이 본 것, 배운 것, 계율이나 도덕, 사색한 것을 통해 이미 자신 안에서 어떤 결론을 내린 상태입니다. 자신이 살아온 업이라는 색안경을 통해 판단을 내립니다. 만약 자신의 입장을 잠시 내려놓고 이야기한다면 우리는 전체적인 코끼리를 그릴 수 있지 않을까. 업이라는 색안경을 벗어 던진다면, 서로에게 다가갈 수 있지 않을까. 그러나, 우리의 삶이 너무도 급박하고 급박한지라 그럴 여유가 없습니다. 자신의 삶에 몰두한 나머지 그 밖의 다른 것은 모두 하잘것없다고 봅니다.

경전을 보는 눈들도 마찬가집니다. 자기가 본 경전 말씀에 빠져 다른 말씀을 함께할 여유가 없으니, 또 하나의 업을 만듭니다.

사리불이 부처님께 공양을 올렸더니, 부처님께서 곧 개에게 주면서 사리불에게 물으셨다.

"(부처님께 공양을 올린 사리불과 개에게 밥을 준 부처님 가운데)누가 복을 얻는 것이 더 많겠는가?"

《대지도론》

부처님의 말씀에 어떻게 답해야 할까요? 선문답이 아닙니다. 경전을 통해 그 답을 살펴봅니다.

악한 사람 백 명을 공양하는 것보다 한 명의 착한 사람을 공양하는 것이 더 낫고, 천 명의 착한 사람을 공양하는 것보다 한 명의 오계(五戒)를 지키는 사람을 공양하는 것이 더 낫다. 만 명의 오계를 지키는 사람을 공양하는 것보다 한 명의 수다원을 공양하는 것이 더 낫다. 백만 명의 수다원을 …(중략)… 아라한을 공양하는 것보다 한 분의 벽지불을 공양하는 것이 더 낫다. 백억 명의 벽지불을 공양하는 것보다 삼세제불 가운데, 한 분을 공양하는 것이 더 낫다. …(후략)…
《사십이장경》

《사십이장경》에 의하면 부처님께 공양한 사리불의 공덕이 큽니다. 그렇다면 다음 경전의 내용은 어떻게 해야 할까요?

가장 가난한 이나 곱추, 벙어리, 귀먹고, 눈 어두운, 가지가지 힘든 자를 만나서 보시를 하고자 할 때에 자비스러운 마음으로 하심 하여 웃으며 자기 손으로 보시하거나 사람을 시켜 보시하거나 부드러운 말로 위로하면 이 사람이 얻은 복덕은 일백 갠지스강의 모래알 수만큼 많은 부처님께 공양한 공덕과 같으니라.

《지장경》

《지장경》에 의하면 개에게 음식을 준 부처님의 공덕이 큽니다. 같은 부처님 말씀인데 여기에서 다르고 저기에서 다른 걸까요? 이에 《법원주림》에서는 다음과 같이 회통합니다.

지금 이 뜻을 해석하자면 여러 길이 있다. 보시하는 사람에게는 어리석음과 지혜로움의 구별이 있고, 보시한 바의 대상에는 자비〔悲〕와 공경〔敬〕의 다름이 있다는 것을 밝힌 것이다. 자비는 바로 빈곤한 이를 말하고 공경은 삼보를 말한 것이다. 자비에는 복전의 밭〔田〕은 부족하지만 보시자의 마음〔心〕은 뛰어나고, 공경에는 복전의 밭은 뛰어나나 보시자의 마음은 부족하다. 만일 보시자 마음의 뛰어남만을 취하여 부처님께 보시한다면 가난한 이에게 보시하는 것보다 못하다.

《법원주림》

즉, 어느 측면에서 살펴보는가에 따라 대답이 달라집니다. 자비의 관점에서 볼 때 개에게 먹이를 준 부처님의 공덕이 더 많지만, 공경의 관점에서 볼 때 부처님께 공양을 올린 사리불의 공덕이 더 많은 것입니다. 물론 이것도 평등의 관점에서 보면 차별 없이 법시를 구족하게 됩니다.

만일 시주가 평등한 마음으로 최하의 거지에게 베풀어주기를 부처님의 복전과 한가지로 하여서 평등한 대비심으로써 하고, 과보를 구하지 아니하면 이는 곧 법시를 구족하는 것이다.

《유마경》

경전의 말씀이 이처럼 다양한 것도 어쩌면 우리 중생들의 모습이 너무도 다양하기 때문일 것입니다. 오죽하면 불보살께서 우리 중생들의 근기에 맞게 수천만 분의 모습으로 나타나겠습니까.

그런 다양함 속에 우리가 살고 있다면 그 다름을 바라볼 수 있는 힘이 있어야 합니다. 그것은 누구를 이기기 위한 힘이 아닙니다. 그것은 상대방을 이해하고자 함이며 심한 경우 극단적인 이분

법으로부터 자신을 챙겨나갈 수 있는 힘을 말합니다. 그 힘은 삶의 여유에서 나옵니다. 신행으로부터 오는 경우 그 힘은 더욱 강합니다.

다름을 바라볼 수 있으려면 사고가 천천히 진행되어야 합니다. 사고가 천천히 진행되기 위해서는 호흡이 중요합니다. 호흡이 빠르면 사고가 급하게 진행됩니다. 신행생활을 통해 나를 바라보고 상대방을 바라볼 수 있는 힘이 커지는 것도, 신행을 통해 호흡이 자연스럽고 천천히 진행되는 것과 관련이 깊은 것이 아닌가 합니다. 마음이 급하게 흐를 때 하늘을 향해 심호흡을 크게 하며 불보살님의 명호를 생각해보세요. 그 순간 부처님 마음이 우리 마음속에 자리할 것입니다.

불성, 내려놓은 그 자리

쓰레기는 없다

'쓰레기 같은 놈'이라는 욕이 있습니다. 이 말을 들으면 결코 유쾌하지 않습니다. 쓰레기라는 말을 들으면 자존심이 땅에 곤두박질치는 듯한 느낌이 듭니다. 쓰레기라는 말에서 쓸모없다, 가치 없다는 의미가 강하게 묻어나기 때문입니다. 국어사전에 비로 쓸어낸 먼지나 티끌, 또는 못쓰게 되어 내다 버릴 물건이나 내다 버린 물건을 통틀어 이르는 말이라고 정의합니다. 못쓰게 되어 내다버린 것, 이것이 쓰레기의 뜻입니다.

'아무짝에도 쓸데없는 놈'이라는 욕이 있습니다. 사람마다 느끼는 어감이 다르겠지만, 이 욕보다 쓰레기가 들어간 욕이 더 심한 것으로 들립니다. 따져보면 이 욕은 쓰레기 같은 놈 또는 쓰레기보다 못한 놈보다 더 심한 욕입니다. 쓰레기는 어떤 상황에서는 못쓰게 되어 내다버린 물건이지만, 다른 상황에서는 필요한 물건이 됩니다. 즉, 쓰레기는 다시 필요로 하는 곳이 있지만, 아무짝에도 쓸데없는 것은 어떤 상황이 되어도 여전히 아무짝에도 쓸데없는 것입니다.

쓰레기는 오늘날 환경문제 가운데 한 부분을 차지합니다. 그런데 생각해보면 옛날에는 쓰레기라는 것이 없었습니다. 못 쓰게 되는 것이 없었습니다. 단지 그것이 사용될 곳을 기다렸을 뿐, 쓰레기는 없었습니다. 씨앗을 뿌려 벼가 자라고 탈곡을 하면 알곡은 곳간으로 가고, 볏짚은 쓰일 곳을 기다리며 논 가운데 볏단을 이루고 있었습니다. 곳간에 들어간 알곡은 부엌에서 여러 번 씻어 솥으로 들어가고 씻은 물은 숭늉, 된장국을 위해 남겨두거나 여물통으로 갑니다. 땔감도 마찬가집니다. 아궁이에 처음 불을 붙일 때는 솔잎이나 잔가지로, 나중에는 굵은 나무를 사용합니다. 그리고 타고 남은 재도 거름으로 사용하거나 다른 용도로 사용합니다. 이처럼 단지 지금 사용되지 않을 뿐 쓸모없는 쓰레기가 아닙니다.

무엇인가 많이 발전한 것처럼 보이는 오늘날, 오늘날의 기준에 눈이 가려 우리는 많은 것을 잊어버리거나 무시하며 삽니다. 자기 중심으로, 오늘날의 문명 중심으로 기준을 삼아 이렇게 저렇게 구분하며 삽니다. 다 자기 역할이 있는데 말입니다.

석가모니부처님 당시 지바카라는 유명한 의사가 있었습니다. 그가 스승으로부터 의술을 배울 때 이야기입니다. 스승은 지바카에게 그 공부됨을 알아보고자 분부를 내립니다. "여기서 백 리 안에 있는 것 가운데 약으로 쓸 수 없는 것을 찾아오너라." 백 리 안을 다 살펴본 뒤, 지바카는 말합니다. "스승이시여, 약으로 쓸 수 없는 것은 하나도 없습니다."

다 소중한 존재들입니다. 각기 나름대로 쓰임새가 따로 있을 뿐입니다. 쓰임새는 다르지만, 소중한 존재라는 의미에서는 같습니다. 그런데 쓰임새가 다른 것을 가지고 소중한 존재라는 것마저 우열로 평가해 버립니다. 나는 너와 다를 뿐이지 좋고 나쁜 것이 아닙니다. 이것과 저것은 그 쓰임에 적당한가 아닌가 혹은 좋은가 나쁜가 일뿐이지 그 자체가 좋고 나쁜 것이 아닙니다. 각기 다른 상황에서 각자의 역할에서 구분될 뿐입니다. 잔가지는 잔가지대로 필요하고, 곧은 나무는 곧은 나무대로 필요하고, 굽은 나무는 굽은 나무대로 필요합니다.

우리는 문명 속에 산다고 생각하지만, 어쩌면 문명이라 여기는 것이 야만인지도 모릅니다. 우리는 일정한 틀을 만들어냅니다. 그 틀과 다른 모습을 띠게 되면 이상한 시선으로 보거나, 본인 또한 낙오자라고 생각합니다. 경쟁이라는 말에 우리는 다들 뛰어가야 합니다. 경제라는 말에 우리는 다 돈을 향해 경쟁해야 합니다. 발전된 문명을 통해 다양해져야 할 우리 삶이 더욱 좁은 삶을 강요합니다. 대학도서관 책상 위에 펼쳐진 책이 대부분 영어 관련 책 아니면 법학 관련 책이라는 사실은 우리의 삶을 슬프게 합니다.

이 책을 보는 순간, 어떤 이는 세상 물정 모르는 사람이라고 말할지 모릅니다. '아웃사이더' 니 '제3의 길' 이니 하는 말 자체가 벌써 기준이 있고 그 기준이 아닌 것은 아닌 것이라는 사고가 전제되어 있습니다. 이러한 좁은 삶 속에서는 모두가 소중한 존재라는 사실은 알 수 없습니다. 인생의 고개마다 그 사실을 알려주지만 그 순간뿐이고 그렇게 또 세상과 타협하여 살아갑니다. 그 소중함을 《법화경》에서는 '옷 속에 든 보배 구슬에 대한 비유〔依珠喩〕'로 알려줍니다.

어떤 가난한 사람이 친구 집에 가서 술에 취해 자는데, 주인인 친구가 급한 용무로 외출을 하게 되었습니다. 이때 주인은 친구의 옷 속 깊숙이 보배 구슬을 넣어주었습니다. 그러나 친구는 그 사실을 모른 채 다른 나라로 유랑하면서 날품을 팔아 간신히 먹고살았습니다. 그 후 얼마가 지난 뒤에 친구가 그를 보고 말하였습니다.
"어리석은 친구여, 그대 옷 속에 보배 구슬을 넣어 두었는데, 그것도 모르고 옷과 먹을 것을 구하려 그렇게 고생하는구나! 이제 이 보물로써 필요한 것을 산다면, 항상 모자람이 없으리라."
《법화경》

가난한 사람은 다람쥐 쳇바퀴 돌 듯이 살아가는 우리 중생을 말하고, 옷 속의 보배 구슬이란 소중한 나의 모습이기도 하고 나 자신이 소중하다는 것을 알려주는 성인의 말씀이기도 합니다. 그러나 밖으로만 밖으로만 뛰어가는 통에 내 속에 있는 보물도 모르고, 자신이 소중하다고 알려주는 주위의 가르침도 받아들이지 못합니다.

경쟁 위주의 삶이 아닌 내면의 삶을 이야기하는 아버지에게 아들이 말하였습니다.

"아버지, 그렇게 살면 이 경쟁 사회에서 살아갈 수 없어요. 그렇게 해서 어떻게 경쟁할 수 있겠어요?"

아버지가 말하였습니다.

"경쟁하지 마!"

요리하는 생쥐

《라따뚜이(2007년 작)》라는 영화가 있습니다. 라따뚜이(ratatouille)란 '쥐(rat)'와 '휘젓다(touille)'의 프랑스 합성어로 잡탕요리를 말합니다.

즉 아무렇게나 만든 음식입니다. 프랑스 시골에서 흔히 먹을 수 있는 그런 음식을 말합니다. 영화 제목처럼 생쥐가 주방을 휘저으며 요리를 만든다는 것이 중심 내용입니다. 위생을 최고로 중요시하는 주방에서, 위생의 반대편에 있는 생쥐가 음식을, 그것도 최고의 음식을 만든다는 것은 도저히 함께할 수 없는 이야기입니다. 영화이기 때문에 가능합니다. 그러나 이 영화가 던져주는 메시지는 만만치 않습니다. 자신이 먹은 프랑스 최고의 음식을 생쥐가 만들었다는 사실을 안 평론가 이고(Ego)는 이렇게 평하였습니다.

"우리 평론가들은 어쩌면 겉모습만 보고 있는 것인지도 모른다. 보잘것없어 보이는 것들이 어쩌면 우리의 비평보다 더 의미가 있는 것인지도 모른다.

비평가들이 간과하는 것이 하나 있다. 그것은 새로운 것에 대한 발견과 방어이다. 세상은 새로운 재주나 창작물에 관대하지 못하다. 그들은 친구가 필요하다. 나도 어젯밤에 새로운 것을 경험했다. 정말 기가 막히게 맛이 있는 소스가 뿌려진 아주 특별한 식사, 음식이나 주방장 모두에 관해 내가 느끼고 있는 추잡한 선입견은

232

모두 배제한 채 이야기하기로 하겠다. 그것은 중요한 것이 아니기 때문이다.

솔직히 말하면, 구스또(Gusteau) 주방장의 유명한 좌우명인 '누구든지 요리할 수 있다' 는 말을 예전에는 믿지 않았다. 하지만 지금은 그 말이 무슨 말인지 알 것 같다. 모든 사람이 예술가가 되는 것은 아니다. 그러나 예술가는 누구든 될 수 있다."

영화에서 '누구든지 요리할 수 있다' 라는 말을 통해, 조금이라도 부처님 가르침을 접한 사람이라면, '모든 중생이 불성을 가지고 있다〔一切衆生悉有佛性〕' 는 가르침을 떠올릴 것입니다. 누구든지 부처님이 될 수 있다, 중생이 바로 부처님이다 라는 말도 함께 말입니다. 누구든지 요리할 수 있다고 하지만 그 누구든지에 생쥐가 들어갈 줄이야. 주방에서 퇴출 1호인 생쥐가 최고의 요리사가 된다는 것은 극악무도한 살인자가 부처님 제자가 되어 깨달음을 얻었다는 것과 다르지 않습니다.

불성(佛性)이란 부처님의 성품이자 깨달음의 씨앗이기도 합니다. 우리가 비록 이 모습으로 살아가고 있지만, 그 속에서 부처님의 성품이자 깨달음의 씨앗이 온전하게 갖추어져 있습니다. 또 불성이란 분별없이 세상을 볼 수 있는 마음자리이기도 합니다. 참모습의 성품인 불성은 다양한 말로 나타납니다. 경전에서는 진심(眞心), 심지(心地), 보리, 법계(法界), 여래(如來), 열반(涅槃), 여여(如如), 법신(法身), 진여(眞如), 불성(佛性), 총지(摠持), 여래장(如來藏), 원각(圓覺) 등으로 나타내고, 조사스님의 글에서는 자기, 정안(正眼), 묘심(妙心), 주인옹(主人翁), 진흙소, 목마(木馬), 심원(心源), 심인(心印), 심경(心鏡), 심월(心月), 심주(心珠) 등이라고 합니다.

그런데 이 불성은 밖에서 오는 것이 아니라 무명으로 둘러싼 우리의 업이 녹아 내릴 때 안에서 그대로 드러납니다. 이런 점에서 비평문에서 '예술가는 누구든 될 수 있다'라는 말은 큰 반향으로 다가옵니다. 중생심으로 이것이다, 저것이다 하는 분별심을 내려놓을 때, 부처님이 깨달으신 진리는 어디서든 나올 수 있는 것입니다. 중생심이라는 분별심, 업이라는 선입견을 가지고 있으면 세상의 모습이 그대로 드러나지 않습니다. 중생심이라는 분별심, 업이라는 선입견을 내려놓을 때 불성에 의해 세상이 그대로 드러나는 것입니다. 분별없는 마음, 내려놓은 그 자리가 바로 불성입니

다. 이를 참된 마음〔眞心〕, 마음자리〔心地〕, 깨달음〔菩提〕, 세상의 본성〔法
界〕 등등이라고 합니다.

　지극한 도는 어렵지 않으니 〔至道無難〕

　단지 간택함을 꺼릴 뿐이라 〔唯嫌揀擇〕

　《신심명》

내려놓음

《법화경》에는 약초의 비유가 나옵니다. 모든 초목은 비의 혜택을
똑같이 받지만 그 종류가 다양하고 또 특성도 각각 다르므로 수분
과 영양소를 섭취하는 정도에 따라 생장하는 데 차이가 생기는 것
처럼, 사람도 부처님의 설법을 똑같이 듣지만 영리한 사람과 우둔
한 사람이 있어 이해하는 데 차이가 생긴다고 합니다. 따라서 부
처님은 사람의 근기에 따라 여러 가지 방편을 써서 설법하신다고
합니다.

근기! 신행생활을 하다 보면 주위에서 근기가 수승하다(상근기)느니, 근기가 하열하다(하근기)느니 하는 말을 많이 듣게 됩니다. 일단 수승하다는 말은 뛰어나다는 말이고, 하열하다는 말은 낮다라는 말입니다. 그러면 근기란 무슨 뜻인지, 한편으로 궁금하면서도 한편으로는 그냥 그렇게 이해하고 넘어가는 경우가 많습니다.

불교사전을 살펴보면 근기(根機, 根器)란 부처님 말씀을 받아들이는 중생의 능력을 말합니다. 이쯤에서 일반적인 뜻으로 보자면 근기란 그 사람의 능력, 수준 정도로 이해될 수 있을 것입니다. 그런데 여기서 '그냥 그렇게 이해하고 넘어가는 경우'에서 이해하는 능력이나 수준의 의미로서의 근기가 어떤 기준일까요?

그 수준이나 능력이 학력이나 지식 등을 기준으로 이해하는 경우도 있을 수 있습니다. 그래서 학력이 높은 사람, 속된 말로 가방끈이 긴 사람을 근기가 뛰어나다고 하거나 지식이 많은 사람을 상근기로 이해하는 경우입니다. '아무개 박사님 또는 아무개 선생님은 많이 배웠으니 그렇게 할 수 있죠'라고 말하는 경우일 것입니다. 또는 불교 집안에서 볼 때 신행생활 기간이나 신행 방법을 기준으로 오랜 신행생활을 한 사람을 근기가 수승하다고 이해하는 경우나 특정한 수행을 하는 사람을 상근기 또는 하근기라고 하는 경우입니다. '아무개 보살은 절에 오래 다녔으니 그럴 수 있죠' 라고 말을 하거나 '아무개 거사는 근기가 뛰어나니(또는 하열하니) 무슨 기도(또는 무슨 수행)를 하지' 라는 경우일 것입니다.

과연 이러한 학력, 지식, 신행생활 기간이나 방법 여부가 근기의 기준이 될 수 있을까요? 만약 그런 것이라면 다음의 주인공은 상근기일까요, 하근기일까요?

이와 같이 들었다. 어느 때 부처님께서는 사위국 기수급고독원에 계셨다. 그때에 존자 반특은 그 아우 주리반특에게 말하였다.

"만일 계율을 지키지 못하겠거든 속세로 돌아가라."

주리반특은 이 말을 듣고 곧 기수급고독원으로 가서 문 밖에 서서 눈물을 흘리고 있었다. 그때에 세존께는 깨끗한 하늘눈〔天眼〕으로, 주리반특 비구가 문 밖에 서서 못 견디게 슬피 우는 것을 보셨다. 세존께서는 고요한 방에서 나와 전처럼 거닐어 기수급고독원 문 밖으로 가시어 주리반특에게 말씀하셨다.

"비구야, 왜 여기서 슬피 울고 있는가."

주리반특은 사뢰었다.

"세존이시여, 형에게 쫓겨났나이다. 형은 '만일 계율을 지닐 수 없겠거든 속세로 돌아가라. 여기 있을 필요가 없다' 고 하였나이다. 그래서 슬피 울고 있나이다."

세존께서는 말씀하셨다.

"비구야, 걱정하지 말라. 나는 위없는 깨달음을 이루었지마는 너희 형 반특 때문에 도를 얻은 것이 아니다."

세존께는 주리반특을 데리고 고요한 방으로 가서 자리에 앉게 하였다. 그리고 빗자루를 잡게 하고 글자를 가르치셨다.

"너는 이 글자를 외워라. 이것은 무슨 글자냐."

주리반특은 '비' 자를 외우면 '자루' 자를 잊어버리고 '자루' 자를 외우면 '비' 자를 잊어버렸다. 주리반특이 '비' 자와 '자루' 자를 외운 지 며칠이 지났다. 그리고 이 빗자루는 때를 없애는 것이라고 알았다. 주리반특은 생각하였다. '무엇을 없애는 것이라 하고 무엇을 때라고 하는가. 때란 재나 흙이나 기왓장이나 돌이요, 없앰이란 깨끗하게 하는 것이다' 라고. 다시 생각하였다. '세존께서는 무슨 까닭으로 이것으로 나를 가르치시는가. 나는 그 뜻을 생각하리라' 고. 그 뜻을 생각하고는 다시 생각하였다. '지금 내 몸에도 티끌과 때가 있다. 스스로 비유해 보자. 무엇이 없애는 것이며, 무엇이 때인가' 라고. 그는 다시 생각하였다. '결박은 때요, 지혜는 없애는 것이다. 나는 지금 지혜의 비로써 이 결박을 쓸어버리자' 라고 …(중략)… 이에 존자 주리반특은 곧 아라한이 되었다.

《증일아함경》

부처님의 제자 주리반특은 하나를 알면 하나를 잊어버리는 기억력의 소유자였습니다. 그런 주리반특이지만, 누구에 의해 도를 얻은 것이 아니라는 부처님 말씀과 부처님이 가르쳐 주신 두 글자를 통해, 자신을 돌이켜 보면서 결국 아라한이 되었습니다.

주리반특은 앞의 기준으로 볼 때 결코 상근기, 즉 근기가 뛰어난 사람이 될 수 없습니다. 하근기 중에도 하근기일 것입니다. 그런데도 부처님 말씀을 듣고 정진한 결과 오래지 않아 아라한이 되었고 대중들에게 법을 설하였습니다. 이런 주리반특을 하근기라고 할 수 있을까요?

다시 처음 내용으로 돌아가, 불교에서 말하는 근기의 뜻은 부처님의 가르침을 받아들이는 능력이라는 사전적 해석에서 시작해 봅시다. 부처님 가르침을 받아들이는 데에는 앞서 말한 학력, 지식이나 신행 기간 또는 특정한 신행 방법이 긴요할 수도 있습니다. 그러나 그러한 것이 반드시 중요한 조건이라고 말할 수는 없지 않은가 합니다. 지식이 부처님 법을 받아들이는 데 도움이 되기도 하지만, 어떤 때는 분별을 일으켜 장애가 될 수도 있습니다. 또 신행 기간 또는 특정한 신행 방법이라도 그로 인해 그 사람의 마음속에 아상(我相)이 더욱 강해지고 또다른 욕심이 차지하여 오히려 부처님 가르침과 더욱 멀어지는 경우도 있을 것입니다.

내 제자들도 때로 내 말을 듣고도 그 뜻을 다 이해하지 못하여 '나'가 있다는 아만심(我慢心)을 일으킨다. 그래서 평등하게 보아야 할 것을 그렇게 보지 않기 때문에 곧 아만을 끊지 못하고, 아만을 끊지 못하기 때문에 계속해서 다른 몸을 받게 된다. …(중략)… 그러나 나의 제자로서 내 가르침을 듣고 그 뜻을 바르게 이해하는 사람은 아만심을 끊고 목숨이 다한 뒤에 계속하여 윤회하지 않는다. …(후략)…

《잡아함경》

여기서 부처님 가르침을 받아들이는 데 아만심을 버리는 것이 중요하다는 것을 알 수 있습니다. 따라서 자신을 내려놓을 수 있는 마음 자세, 부처님 말씀을 접하고서 바로 모든 집착을 내려놓을 수 있는 마음가짐을 가진 사람이 바로 근기가 뛰어난 사람이 아닌가 합니다. 부처님 말씀을 듣고 그 즉시 세속의 애착과 악행을 버리고 도를 닦는 사람, 그 사람이 바로 상근기라는 말입니다. 물론 그 바탕에 믿음이 전제되어야 할 것입니다. 강한 믿음이 없다면 자신을 과감하게 내려놓을 수 없을 것이며 끊임없이 정진 수행할 수도 없기 때문입니다. 다시 말하면 상근기란 뛰어난 학력이나 지식, 오랜 신행생활 경력이나 특정 수행을 하는 사람을 말하는 것이 아니라, 바로 부처님 가르침을 접할 때 그 순간 믿음을 가지고 모든 집착을 내려놓고 발심 정진하는 사람, 그 사람을 상근기라 할 것입니다.

따라서 주리반특이야말로 바로 상근기입니다. 주리반특은 그러한 마음을 가졌기에 부처님께서 주신 두 글자를 단순한 글자로 보지 않고 삶 속에서 외워나갔던 것입니다. 그리고 주어진 글자를 단지 외형적인 뜻으로만 살펴보는데 그치지 않고 두 글자의 본뜻을 살펴보려고 하였던 것입니다. 왜 부처님께서 그 두 글자를 외우게 했을까. 단지 이런 외형적인 '때를 없앤다' 는 의미를 파악하게 하기 위해서는 아닐 것이다 라는 강한 믿음. 이처럼 강한 믿음 속에 자신을 비워가며 발보리심을 잃지 않고 정진해 나간 것입니다. 그리하여 내면으로 돌아가 자신의 본모습을 살펴보고 깨달음을 얻게 된 것입니다.

어리석은 사람이 어리석다고
생각하면 벌써 어진 것이다
어리석은 사람이 어질다고 생각하면
그야말로 어리석음 중의 어리석은 것이다.

《법구경》

초보불자 신행입문

부처님께 다가가는 방법

1판 1쇄 펴냄 2010년 4월 5일
1판 3쇄 펴냄 2016년 10월 8일

글 **목경찬**

발행인 이자승 **편집인** 김용환
펴낸곳 (주)조계종출판사

　　　출판등록 제 300-2007-78호 등록일자 2007년 5월 1일

　　　주소 서울시 종로구 우정국로 67 대한불교조계종 전법회관 2층

　　　전화 02 720 6107~9 팩스 02 733 6708 홈페이지 www.jogyebook.com

ⓒ 목경찬, 2010

값 10,000원
ISBN 978-89-93629-39-2 03220

★ 책값은 뒤표지에 있습니다.
★ 저작권법에 의하여 보호를 받는 저작물이므로 무단으로 복사, 전재하거나 변형하여 사용할 수 없습니다.